モンゴルがいま熱い！

モンゴル不動産投資をおススメするこれだけの理由（ワケ）

安藤義人

WAC

はじめに――ワクワク生きる未来をともに創りたい！

幼いころから自然と「経営者」を目指していた

人が生まれてから生涯を終えるまでの間に、数えきれないほどのライフイベントが続きます。それは、仕事で出世したり、転職したり、また、結婚して子どもが生まれたり、夢だったマイホームを建てたりすることかもしれません。人がそれぞれのライフイベントを迎えたとき、共通していることがひとつあります。

それは、そのライフイベントが未来に向けて、お金のこと、住まいのこと、仕事のことなど、さまざまなことを見直すきっかけになるということです。

ココザスは、皆さんがこれからの将来を見直すそのときに、力になれる専門家として一緒に考えながら、**豊かでワクワク生きる未来をともに創る**存在でいたいという思いで、お客さまの人生に向き合っています。

今回、本書を書くにあたって、改めて、なぜ私がココザスを創業したのかを考えてみました。

私は、高校を中退しています。やめたのは入学してからすぐの時期であり、しかも、都内有数の進学校だったため、まわりからはよく「もったいない」とも言われました。ただ、私はそう思いませんでした。

これには理由があります。

私の父は、自営で建築業を営んでいました。その父の影響が大きかったのでしょう。物心ついたころには自然に「経営者」を目指していました。早く社会に出て働きたい。その方が自分のなりたい理想の経営者に少しでも早く近づけるのではないか？　と思い、高校をやめてすぐに父のもとで仕事をし、それなりに技術も身に着け、お金も稼げていたと思います。

でも、ふと気づくと、大学を卒業した同級生たちは大手企業に勤め、仕事を始めたばかりだというのに、社会人1年目から私よりも高額の給与をもらっていました。自分は、一日2時間くらいしか眠らずに日勤の現場から夜勤の現場へと移動し、その労働時間は「月57日」だなんて言われるくらい働いているのに、です。

正直、焦りました。あっという間に彼らに抜かれてしまう。それに、このままでは自分の大切な「時間」を切り売りし、命を削っているだけではないのかと。

当時は建築業以外にできることもなかったので、とにかくがむしゃらに働きました。人を雇用して稼ぎを増やし、蓄えた軍資金で投資家を目指そうと決めたのです。しかし、そんな矢先に世界規模の金融危機となったあの「リーマンショック」が直撃したのです。順調に成長していたつもりですが、未曾有の経済危機の前ではなす術もありませんでした。あらゆる建設現場で工事がストップし、私はいきなり1カ月半も仕事を失ってしまったのです。父のもとではありますが、会社員ではなく個人事業主の立場だったので、収入は当然ゼロになりました。

そこで改めて考えました。この仕事で会社組織にして社員を養っていくことができるのかと。出した答えは「別事業での起業」でした。

しかし、建築業しか経験していない自分には、圧倒的にビジネスの知識が不足していました。このままでは何もできない。まずは自分を客観視し、なりたい自分になるためにどのようなスキルが必要なのかを考えたのです。そして、これからの3年間は会社員として修行しようと決めました。

最初の1年は「営業」、そして次の1年は「マネジメント」、最後の1年は「ITスキル」と、それぞれのスキルを身につけるための3年間にしようと決めたのです。この3つのスキルがあれば、どんな事業であっても成功させることができると思ったのです。

会社を立ち上げたとき、資金は〝たったの33万円〟だった

最初の1年「営業」を学ぶ場に選んだのは、投資用マンションの営業でした。

車のディーラーなど他の営業職も考えましたが、車は「メルセデス」「ポルシェ」「トヨタ」など、そのブランド力があるから売れます。スキルを身につけるためには、その「ブランド力」に頼っていてはダメです。とても高額で、人々が気づいていない

ニーズに対して働きかける営業ではないと、短期間で営業力を身につけることはできないと思いました。

投資用マンションの営業職では、毎日毎日、電話をかけ続けることが仕事でした。日々、７００件の電話をかけ続け、それを休みなく30日やり続けます。それでも、1カ月に獲得できるアポイントは多くてもたったの3件。もう天文学的な確率です。壊れたら交換される部品のように働く中で、父のもとで仕事をしていたときは恵まれていたのだということにも気づかされました。

でも、不思議ですね。やり続けると売れるようになるのです。とてつもなく低い確率でも、とれたアポイントは前向きに検討してもらうことを前提に話していますから、確実に契約を獲得していきました。１年が経った頃、ある程度営業力がついたと感じた私は計画通りに次の仕事に挑戦します。

2年目、「マネジメント」スキルを身につけるために飛び込んだのは、引っ越し事業で財を成した経営者の「運転手兼カバン持ち」でした。地元の知人の紹介で出会った社長は当時23歳だった私にはとても輝いて見えました。

最初は、その経営者のそばでいろいろなことを学んでいましたが、あるとき突然、現場への異動を命じられたのです。「そんなつもりで入社したわけじゃありません！」と拒否した私に突き付けられたのが、「じゃ、お前には何ができるんだ」という言葉でした。「商売を覚えたくてここにいる」と返した私に、社長は**「じゃあ、商売をやればいい。何をやれるのか考えろ」**と言うのです。

いま考えると、商売を「現場」で学び取らせたかったのかもしれません。

私は、グループの中にあった餃子屋の「餃子の美味しさを世界中に広める」ことを目的に移動販売車をつくり、東京中を回り始めました。寒い日もありましたし、昔から知っている知人からは「お前が飲食業？　何やってるんだよ」と笑われることもありました。でも、買ってくださる方がいて、そのお客さまへの心からの感謝の気持ちと５００円の尊さは今でも忘れられません。

この１年は、思っていたのとは違う形で「マネジメント」を学ぶことになりましたが、頭だけでなく、実践で学べたからこそ強烈な印象に残っているのだと思います。

そして、「ＩＴスキル」を学ぶ、修行最後の１年です。

よく見ていたある経営者のブログで「新しい会社を始めます」という投稿を見て、すぐにエントリーし、ウェブマーケティング会社の創業メンバーとして加わることになりました。

起業とは、大変なものです。創業からしばらくは1円も売上をつくることができず、当然、給料はゼロです。

半年ほどで、手元の貯金は底を打ちました。人生初のリボ払いを経験したのもこのときでした。キャッシングで人生初の借金もしました。いざとなったら建築業に戻ろうと思ったりもしましたが、もともと保険をかけて物事に取り組むのは好きではなく、自分が決めたデットラインぎりぎりまでやってやろうと覚悟を決めていました。

そのあたりからでしょうか、業績が伸び始めたのは。

経営者はカリスマで、絶対的な存在でした。オフィスはおしゃれな街のランドマーク的なビルにあり、しかも身分不相応な広い部屋を借りていたのです。いくら業績が良くなっても出血（資金流出）が止まらなければ、徐々に体力は弱ってしまいます。

ある日、社長に突然、呼ばれ「安藤さん、今日中に20人よろしく」と言われました。要するに「20人の社員をリストラせよ」という残酷な命令です。一人ひとりと面接するなかで、目の前で泣き出す女性社員もいました。

そんなときに、とある研修会でたまたま見たのが、今でも尊敬するソフトバンクグループの孫正義氏の映像でした。

その映像の中で、孫氏は「ソフトバンクグループが次の30年も引き続き情報革命で人々の幸せに貢献し、『世界の人々から最も必要とされる企業グループ』を目指す」というグループ全体の方向性を定めた「新30年ビジョン」を語っていました。

「世界を変える」「志を為す」と強く語っている孫氏を見て、私はいったい何をしているのだと恥ずかしく思うとともに、一瞬で目が覚めたような気分になりました。このとき、会社に入ってからすでに4年半という時が経過していました。

もう一度、ひとりで始めてみよう。次は自分が心の底からやりたいことをやろう——。そのとき手元にあったわずか33万円を手に起業したのがココザスです。

世界中の人々が「ワクワク、生きる」ことをサポートしたい

創業当時の私には、何もありませんでした。

満足できるお金も、住まいも、仕事も。

でも、孫氏の言葉にあった「志を為す」という想いだけはありました。その「志を為す（ココロザシヲナス）」から会社名を「ココザス」とし、会社の理念を「ワクワク、生きる」に決めました。


世の中では、多くの人が不満を抱えながら生活しています。

私もそうでした。だから、愚痴をこぼし、何かあったら人のせいにしてしまいます。私はそんな自分が本当に嫌いでした。

では、あなたが、お金にも、住まいにも、仕事でも満たされていたらどうでしょうか。**経済的な豊かさは、精神的な豊かさにつながり、人はもっとワクワクしながら、自分の人生をさらに楽しめるようになるでしょう。**

私は、多くの人に、自分がやりたいことをやり、心も生活も豊かになってほしいと思っています。

しかしながら、ココザスは、驚くほどお金が増える方法や金融商品を扱っているわけではありません。

生活への不安がなくなれば、人は自然と豊かになれるのですから、大儲けできる投資商品ではなく、**将来の不安を解消するための商品を中心**にお客さまにご提案し続けました。創業から8年が経ち、気が付けば、まわりのお客さまの心が豊かになってきたことを感じられるようになりました。

ただ、残念ながら世の中には不安が溢れ、特に、若い方々の将来に対する不安はさらに大きくなっているのではないでしょうか。

しかも、日本はこれからさらに人口減少、高齢社会が進行し、自分の生活は自分で守り、資産も自分で増やさなければならない時代です。

こんな大変な時代を自らの力で生き抜くための解決策のひとつとして、本書では私が、いまとても力を入れている**モンゴルへの不動産投資**を取り上げたいと思います。選択肢のひとつとして学んでいただき、実践していただければ、きっと多くの方々が豊かになり、ひいては社会そのものも豊かになっていくと信じています。

まず1章で、私の経験を踏まえた上で、みなさまがいまよりもっと豊かに生きるためのお金との向き合い方、知識をお伝えできればと思います。2章ではモンゴル以外の海外不動産について網羅的に学んでいただきます。モンゴルのことについて書くのは3章からです。すでに十分な投資経験がある方は読み飛ばしていただいても構いません。読みやすい章から読んでいただくのが本書の活用方法としては良いかもしれません。

また、それぞれの章の終わりに「プロの視点！」というコラムがあります。執筆陣は私がモンゴル事業を行う中でご縁をいただいた各分野のプロフェッショナルの方々です。直接お声掛けをしたら快く快諾してくださいました。この場をお借りして感謝申し上げます。「プロの視点！」を通じて、海外不動産投資やモンゴルおよびモンゴル不動産投資の魅力や可能性を多角的に理解してもらえる一助になればと思っています。

ひょんなきっかけから取り組むことになったモンゴル不動産事業ですが、**世界中の人々が「ワクワク、生きる」ことができる社会をつくりたい！**という私にぴったりのとても魅力的な市場です。建築業をやめ、初めて不動産投資の世界に踏み込んだ私ですが、日本にいながらモンゴルの不動産を通じて誰かの役に立てるなんて、当時は思ってもいませんでした。

本書を通じてモンゴルのことを好きになっていただけると嬉しいです。

令和6年1月

ココザス株式会社ＣＥＯ　安藤義人

モンゴルがいま熱い！

モンゴル不動産投資をおススメするこれだけの理由（ワケ）

目次

はじめに——ワクワク生きる未来をともに創りたい！　1
幼いころから自然と「経営者」を目指していた　1
会社を立ち上げたとき、資金は〝たったの33万円〟だった　4
世界中の人々が「ワクワク、生きる」ことをサポートしたい　8

1章　いまこそ知っておくべきお金の常識

いまこそ知っておくべきお金の常識　21
誰でも「億り人」になれる！　22
どうしてお金持ちになりたいのか　25
お金に困らない考え方　28
インフレに負けない資産を持つ　30
超高齢社会と自己責任　34
一攫千金を狙うな　37
「投資」と「投機」はまったくの別物　41
「金融資産」と「実物資産」の違いとは　45

不動産投資への不安に答える 49
「どこまでリスクを負えるのか」を考えてみよう 53
海外投資も視野に入れよう 56
プロの視点! ココザスに未来を感じた 61

2章

海外不動産投資、ここに大注目! 65

海外不動産投資が一般的になってきた! 66
海外不動産投資におけるメリットとは 68
① 不動産価格上昇による売却益が狙えること 68
② 安定した家賃収入が得られること 69
③ 地理的な分散でリスクを回避できること 72
④ 円安に強いこと 73
⑤ インフレに強いこと 74
海外不動産投資におけるデメリットとは 75
① 金融機関などから融資を受けにくいこと 75

② 政治や経済が不安定な国があること 77
③ 管理会社は信頼できるのか 78
先進国と新興国では、「メリット」「デメリット」が違う 81
先進国の不動産投資における主な「メリット」「デメリット」 82
新興国の不動産投資における主な「メリット」「デメリット」 85
各国の不動産投資の特徴を見てみると…… 87
① 不動産投資の大本命、先進国代表「米国」 88
② 過去数十年、不動産価格が上がり続けた「英国」 92
③ 投資先としてもリゾートとしても大人気「ハワイ」 95
④ 富裕層が集まる「ドバイ」 96
⑤ 東南アジアのハブ「シンガポール」 100
⑥ 勢いのある新興国「フィリピン」 103
⑦ 東南アジアの規制編 108
⑧ 「マレーシア」の失敗を教訓に 111
ポートフォリオに「海外不動産」を持つことの意味 115
① 不動産投資信託 119

② ファンド・オブ・ファンズ型の投資信託 122
③ 不動産クラウドファンディング 125
プロの視点！ 海外不動産投資の「メリット」「デメリット」 129

3章

モンゴル経済の未来は明るい！ 133

ドラマを通じて、モンゴルに興味ある人たちが増加中 134
まずは、モンゴル人民共和国の歴史を知ろう 136
モンゴル力士が、さらにモンゴルを親日へ 138
世界からの投資の現状を知ろう 143
モンゴルの経済構成を知ろう 145
モンゴルの産業構造を知ろう 148
① 鉱産物 148
② 畜産業 149
③ 観光立国への可能性 150
日本は、モンゴルの最大の支援国だ 154

草原にいてもスマホを片手に　156
目玉計画「ウランバートルマスタープラン2030」　159
2045年に「人口ボーナス期」のピークを迎える　162
ビジョン2050に向けて　166
① 人間開発　167
② 経済の多角化と工業化で変貌を遂げる　168
③ 大気汚染対策及び汚染物質排出量80%カット　168
プロの視点！　モンゴルと日本の経済関係とは　172

4章　狙い目はモンゴル不動産　ノウハウを大公開！

175
モンゴル不動産に投資するということ　176
モンゴルの首都ウランバートル市ってこんな都市　178
モンゴル不動産投資を具体的に見ていこう　181
① どんな物件があるのか　181
② 価格を比べよう　184

③ 不動産の相場動向を知ろう 186
④ 規制を理解しよう 188
⑤ 購入方法はさまざま。よく吟味しよう 190
⑥ 投資のリターン・インカムゲイン編 197
⑦ 投資のキャピタルゲイン編 199
⑧ 通貨・モンゴル・トゥグルグの動向 200

積極的な投資で副収入を！ 204
① 東京都在住女性A子さん（独身／39歳）の場合 205
② 東京都在住男性Bさん（既婚／52歳）の場合 207
プロの視点！ モンゴルにいま、熱い視線が注がれている！ 210

5章 モンゴル不動産投資で後悔・失敗しないために 213

やっぱりリスクはあります！ 214
① 金融機関からの融資は期待できない 215
② 日本に伝わる市場データや情報が少ない 216

③ 不動産投資を取り巻く環境が未成熟 217
④ 政治が不安定なこと 219
⑤ 地政学的リスク 220
⑥ 建物が完成しない？ 224
⑦ 鉱山ビジネスへの出資詐欺に気をつけろ 227
プロの視点！ 急速な経済的発展を遂げているモンゴル 231
おわりに――投資は人生そのものを変える力がある！ 235

編集協力／内田まさみ
装幀／須川貴弘（ＷＡＣ装幀室）
ＤＴＰ／有限会社メディアネット

1章 いまこそ知っておくべきお金の常識

誰でも「億り人」になれる！

ここ数年で、「億り人（おくびと）」という言葉をよく目にするようになりました。

この「億り人」とは、一般的に株やＦＸ、暗号資産などで1億円以上の資産を築き上げた投資家のことです。悠々自適に暮らしているように見える彼らに憧れ、目標にする個人投資家も少なくありません。

しかし、現実はどうでしょう。

まず、仕事を始めたばかりの20代は、平均年収が約３００万円台と多くない上、レジャーなどへの支出も多く、40％近い人が貯蓄や投資などの金融資産を保有していないとのことです。

さらに、職場では中堅と呼ばれる30代になると、平均年収は４５０万円程度に増えるものの、結婚や子育て、マイホーム購入など、お金が必要なライフイベントも多く、３人にひとりが金融資産を保有していないのだとか。

「億り人」になるのは夢のまた夢——そんな気がしてきますよね。

しかし、私はそうは思いません。

たとえば、**少額でも株式や不動産などに投資すれば、お給料以外の収入を得ることができます。**「投資」と聞くと、バブル崩壊のようなリスクを思い浮かべる人も多くいますが、投資とは基本的に、一時の相場の上昇、もしくは下落に一喜一憂するものではなく、長期的な観点で行うものです。長期になればなるほど、投資のリスクを抑えることが可能になるのです。

投資は次のようにたとえることができます。株式のように現金を活用する**「現金の入ったお財布」**と、不動産投資のためにローンを組む**「信用というお財布」**です。そこにもうひとつ加えるとしたら、それは**「時間のお財布」**です。

「つみたてＮＩＳＡ」の登場で多くの人が取り組み始めた積み立て投資は、来年のあなたが豊かになれるような投資ではありません。しかし、長期的な視点で、リスクを抑えながら、複利効果も狙える投資です。優遇制度を活用し、ポートフォリオの一部に加えておきましょう。

ちなみに「ポートフォリオ」とは、金融商品の組み合わせのことです。特に、詳細の組み合わせのことを指します。どの銘柄の株式をどれくらい持つか、どの投資信託をどれくらい持つか、などを検討することを「ポートフォリオを組む」といいます。よく出てくる言葉なので覚えておいてください。

また、「ドル・コスト平均法」も知っておいてください。

これは、長期投資の手法のひとつで、毎回、同じ金額の投資を継続していく方法です。毎回、買う金額は同じですから、価格（相場）が低いときにはより多く、価格が高いときにはより少なく買い付けることになります。その結果、購入価格が均され、高い値段だけで買うリスク、いわゆる「高値づかみ」を避けることができます。

また、ＩＴバブル崩壊やリーマンショックなどの一時的な景気後退によって株価が下落したときに、焦って一番安い価格で売却してしまったり、大きな損を抱えてしまったりすることも避けられるでしょう。

さらに、長期間にわたって運用すれば、複利効果で利益を育てることも可能です。たとえば、投資で生じた利子や配当を再び投資すると、その分の投資元本が増えますから、より効率的にお金を増やすことができますよね。

若い世代は、この長期的な観点を可能にする、長い「時間」という最強の武器を備

えています。その武器を活用しない手はありません。

どうしてお金持ちになりたいのか

「老後2000万円不足問題」が話題になったのは、2019年のこと。メディアなどでも大きく取り上げられたことで、若い層を中心に、老後に対する不安が一気に広がりました。

では、いったいいくらあれば不安を取り除くことができるのでしょうか。

もちろん、お金は「あればあるほどいい」のはわかります。しかし、普通に企業に勤めてお給料をもらう暮らしでは、一生涯で稼げるお金には限りがあり、貯められるお金にも限界があります。しかも安心して生活できる、もしくは、安心して老後を迎えられる金額には個人差があり、一概に「いくらあれば大丈夫」とは言えないのが問題を難しくしています。

まずは皆さん、想像してみてください。

いまある資産をコップの中に入れたとき、コップの何分目まで満たされますか？

イメージですが、このコップは自分が生きていくために必要な金額、これだけあれば満足というお金の量を表します。

以前の私の話をしましょう。

たった数年前の私のコップはバケツほどの大きさ、いや、バケツ以上に大きかったかもしれません。しかも、その大きなコップになみなみと水が注がれても満足できず、「もっとお金が欲しい」「もっと稼ぎたい」と欲していました。

ココザスを起業した頃、毎朝、高級車やタワーマンションの写真を見ながら、「よし、今日もがんばるぞ」と気合いを入れていたほどでしたから。

そんな欲まみれの事業がうまくいくはずもありません。

会社の銀行口座の残高はたった数万円しかなく、個人の口座にも数万円程度。持っていたロレックスなど、お金に換えられるものはすべて売り払って、どうにか社員への給料を払い続けました。

その時、なにかと目をかけてくれていたある社長に言われたのです。「いま、お前、相当大変だろう?」と。そして、何も言わずに翌日、３００万円を振り込んでくださったのです。この社長がいなければきっと、いまのココザスはないでしょう。私は、この感謝を忘れることは決してありません。

そして、社員たちの支えもありました。社内では弱音もはかず、がんばっていたつもりでした。それでも、すべて見透かされていたのです。創業期の苦しい時期、社員には何度も助けてもらいました。**改めて、一緒に働く仲間が一番大事なのだと感じました。**その時、バケツのように大きかった自分のコップが、小さくなっていることに気がつきました。

カッコよく言えば、**多くの人に喜んでもらえることが自分の幸せであり、自分のために必要なお金はそれほど多くはなかった**のです。そう思えたとき、ココザスがやるべきビジネスがさらに明確になったような気がします。

世の中には1億円稼いでも、10億円稼いでも満たされない人がいます。

しかし、人は「自分自身のコップが満たされないと、他人のコップを満たすことのできない生き物」であり、自分のコップが満たされて初めて、人に分け与えることができるようになります。だから、「来月の家賃払えるかな?」なんて、自分のコップが満たされず、かつ、金銭的な心配を抱えているうちは、精神的な余裕も持つことも難しいのです。

まずは、**自分がなぜお金持ちになりたいのか、その理由を明確にしてください。**そして、いくら貯めたいのか、ではなく、自分が人生において成すべき目標を立ててください。

お金は、その目標を達成するための選択肢を確実に広げてくれます。

かくいう私も、いま手元に多くのお金が入ってきたら、やりたいことはたくさんあります。皆さんが、もっと活躍できる会社に転職したい、起業したい、幸せにしたい人がいる、社会を変えたい――そう思ったときに、お金があれば、目標に向かって一歩を踏み出すことができるでしょう。

お金に困らない考え方

私たちのような一般人がお金持ちになるためには、稼ぐ力が欠かせません。

しかし、日本では長らく「お金の話をするのははしたないこと」だと、タブー視されてきました。ようやく、「お金の教育」が高校で必修化されたのは、２０２２年４月のこと。ただ、その内容には物足りなさもあり、子どもに金融教育を学ばせるのは当然という米国などと比べると、貯蓄や投資に関する知識のみならず、ビジネス力でも差が出てしまうのは、こういった教育環境が少なからず影響しているのではないかと思います。

ただ、本屋にはお金に関するたくさんの本が並び、ウェブ上にも多くの情報があふれています。能動的に学ぼうとすれば、それらを活用して有益な学習ができるはずです。実際に私も、経済的に恵まれた方、特に、ビジネスで成功された方々の本を通じて彼らの思考にふれ、それを真似してみたり、行動してみたりしながら、徐々に自分なりの考えを持てるようになってきたように思います。

一番のお勧めは、セミナーでも講演会でもいいので、実際にお会いし、同じ空間で話を聞くことです。生の声と迫力、そのたたずまいから、文章以上の収穫があるのは間違いありません。

ありがたいことに、私は、超一流の経営者や成功者の方々から可愛がっていただく機会が多くあります。お会いしていつも驚かされるのが、「安藤君、これってどう思う?」と私の意見を訊いてくださることです。どんなに成功していても、彼らは、私のように年下で、かつ経験も浅い経営者に、ためらうことなく物事を尋ねます。**人を見下すことなく、新しい知識や視点を受け入れる「謙虚さ」は、お金に愛される要素のひとつでしょう。**

さらに、役に立つものをすべて吸収する「貪欲さ」と「学び続けること」。このふたつの姿勢を持ち合わせていることが、会社の持続的な成長を可能にしているのだと思います。

共通点をもうひとつあげるとすれば、**何が起こっても、それがたとえ突発的に起きた災害であっても人のせいにせず、「自責」で物事を考えること。**これらがお金に愛される要素であり、ひいては、稼ぐ力になるのではないでしょうか。

インフレに負けない資産を持つ

2024年に入ってスタートした新NISAをきっかけにして、資産運用の関心が高まってきています。それは、とても良いことではないかと私は思います。なぜなら、今後は間違いなく、誰にとっても資産運用が必要になるからです。

なぜでしょうか。それは世の中が、**デフレ経済からインフレ経済へと転換**していく可能性が高まってきたからです。

恐らく２０２４年は、物価の上昇圧力が少し緩（ゆる）むでしょうが、デフレからはほぼ脱却し、年２％前後の物価上昇率が当たり前になるでしょう。

そもそもお金を運用することの一番の目的は、インフレリスクをヘッジすることにあります。たとえば物価が２％上昇したとしましょう。この間、預金の利率が０％だとしたら、実質金利は▲２％です。つまり全財産を預貯金で運用していたとすると、年２％、お金の価値が目減りします。

実際、２０２２年から２０２３年にかけて物価が大きく上昇したことにより、全財産を預貯金に預けていた人たちは、まさにこの状況に陥りました。

いささか古いデータになりますが、２０２３年7月の消費者物価指数は、「生鮮食品及びエネルギーを除く総合」の前年同月比が４・３％でした。つまり1年間で、物価が4・3％上昇したことを意味するのですが、2022年7月から2023年7月までの1年間、銀行の定期預金で運用した場合に得られる利息がいくらかというと、メガバンクで年0・002％です。

ということは、この1年間で預金に預けていた分の資産価値は、4・298％も目減りしたことになるのです。

このように、**インフレが進むとお金の価値自体はどんどん目減りしていきます。**資産運用をする最大の目的は、このリスクをできるだけ回避するかなのです。したがって、**資産運用の際には、インフレ率を超える期待利回りの得られる金融資産、もしくは実物資産を保有する必要があります。**

もちろん、デフレがこれからも進むのであれば、いちいち資産運用などする必要はありません。日本は1991年からのバブル経済崩壊後、長らくデフレ経済が続いたわけですが、この間、金融庁が「貯蓄から投資へ」という旗を振り回してもまったく反応がなかったのは、世の中がデフレだったからです。結果的に、多くの人々は、合理的な判断を下していたということです。

でも、これからの時代はそうも言っていられなくなりそうです。

たとえばいま、日本ではさまざまなところで道路や橋、トンネル、下水道、ガス管などのインフラが老朽化し、その補修に多額の物資や資金を必要としています。老朽化対策資金だけでも、今後50年間で450兆円という試算もあるくらいです。これだけ莫大な金額のお金が必要になり、それがインフラを補修するために必要な物資の購入に充てられれば、黙っていても物価は上がります。

加えて海外に目を向ければ、ロシアのウクライナ侵攻やイスラエルのガザ地区攻撃、米中経済戦争など地政学的リスクが高まっており、特に西側先進諸国はサプライチェーンの見直しに迫られています。これまで世界の工場として、安く大量の労働力を調達できた国での生産を、一部とはいえ諦(あきら)めなければならないとなれば、これも物価に影響を及ぼすことになるでしょう。

国内外でインフレ要因が強まってきている以上、**物価が継続的に下落するデフレ経済に戻ることは、もう考えにくい**と思った方が良さそうです。だからこそ、自分自身の財産を守るのに、資産運用をしっかり行うことが肝心です。

超高齢社会と自己責任

実はもうひとつ、私たちが資産運用をしなければならない理由があります。

それは**超高齢社会の到来**です。余談ですが、よく「高齢化社会」という言葉を用いる人がいますが、これは大きな間違いです。実はこの言葉には定義があり、高齢化社会とは65歳以上の高齢者の割合が全人口の7％を超えた社会のことを指します。日本の高齢者人口の割合が7％を超えたのは、実に1970年のことです。

次に、65歳以上の高齢者の割合が全人口の14％を超えた社会のことを「高齢社会」と言います。ちなみに日本の場合、1995年の時点で高齢化率が14・6％となり、高齢社会に突入しました。

では、いまの日本はどの位置にあるのでしょうか。

2023年9月の敬老の日に、総務省が発表した高齢化率は29・1％で、過去最高を更新しました。つまり高齢社会の高齢化率すら大幅に上回っています。65歳以上の高齢者の割合が全人口の21％を超えた社会のことを「超高齢社会」と言うのですが、日本はまさにここに位置しています。**日本は「高齢化社会」ではなく、とっくの昔に「超高齢社会」に突入している**のです。ちなみに日本の高齢化率が21％を超えて超高齢社会に入ったのは、いまから14年も前の２０１０年のことでした。

高齢社会の何が問題なのか、ということですが、これは各種保障を受けられる人の数が増える一方、それを支える人の数が減るということです。これによって健康保険や年金の財政が悪化します。

たとえば年金。国民皆年金制度によって誰もが加入している（とされている）国民年金をはじめ、企業や役所、私立学校などに属して働いている人が加入している厚生年金などの公的年金は、「賦課年金方式」が採用されています。これは、自分の年金を自分で積み立てていく「積立方式」とは違い、世代間扶養とも言われますが、要するに現役世代が支払っている年金保険料でもって、高齢者の年金支給を賄（まかな）うという方式です。

この方式は、かつてインフレに強いなどとも言われてきたのですが、近年、高齢者人口の増加と労働力人口の減少により、入りと出のアンバランスが問題視されるようになってきました。

そして、この傾向は今後も加速していきます。

国立社会保障・人口問題研究所の「日本の将来人口推計」によると、2020年の高齢者人口の割合が28・6%であるのに対し、15～64歳の労働力人口の割合は59・5%でした。

これが将来どうなるのかというと、2061年には高齢者人口の割合が38%まで上昇する一方、労働力人口の割合は52・8%まで低下します。さらに先を見ると、2070年には、高齢者人口の割合が38・7%で、労働力人口の割合は52・1%と予測されています。

もう少し分かりやすい表現にすると、2020年時点では、2・08人の現役世代が1人の高齢者を支えていたのが、2061年には1・39人の現役世代で1人の高齢者を、さらに2070年には1・34人の現役世代で1人の高齢者を支えなければなりません。

このようになると、恐らく年金を受け取る側である高齢者は、徐々に年金の額が減額されるか、もしくは年金を満額受給できる年齢が引き上げられることになるでしょう。いずれにしても、生涯を通じて受け取れる年金の額は目減りするはずです。

一方、保険料を負担する現役世代にとっては、年金保険料の負担が徐々に重くなっていくでしょう。

しかも、現役世代の大変なところは、現役世代は年金保険料の負担が重くなる一方、自分自身が高齢者になった時、いま以上に現役世代の人口が減っているため、受け取れる年金の額がさらに減額されている恐れがあること。

では、どうしたら将来の年金不安を払拭（ふっしょく）できるのでしょうか。

その答えのひとつが「資産運用」です。2024年1月にスタートした新NISAは**「これからは国に頼られても困ります。税金を優遇しますので、自己責任で資産を増やしてください」**という日本政府からのメッセージだと受け止めた方が良いでしょう。それを考えると、資産運用をしないという選択肢の方が、あり得ない話です。

一攫千金を狙うな

「宝くじに当たったらどうする？」

誰もが一度は盛り上がったことのあるこの話題。家や車を買ったり、ローンを返済したりと、使い道をあげればキリがありません。しかし、高額当選する確率は、天文学的数字であり、万が一当たったとしても、大盤振る舞いしてしまったり、騙されたりと、その後の人生が幸せではなかったというのはよく聞く話です。

これは、ビジネスでも同様で、経験上、しっかりと準備ができている大一番ならまだしも、追い込まれたときに挽回の一手として繰り出した大技は、ことごとく外れてしまいます。「一発屋」と呼ばれる人もいますが、一時期だけのブームに乗って稼げたとしても、流行が終われば誰からも見向きもされなくなることが多く、やはり、堅実にコツコツ積み上げて飽きられない実力をつけるなど、頑丈な屋台骨を築くほかありません。

投資でも、最も狙ってはいけないのが、この「一攫千金」です。

「年利20%!」や「半年後に2倍になります」といったあまりに大きいリターンを謳(うた)った広告を目にすることもありますが、こういった金融商品には、必ず何か裏があると、まずは疑った方がいいでしょう。新NISAスタートをきっかけに、投資未経験者を標的にする投資詐欺も増加しており、「確実に値上がりします」「絶対に損はさせません」「元本は保証します」などの文句を使ったＳＮＳやウェブサイトにも注意が必要です。

また、**変動率（ボラティリティ）の大きい金融商品に、資産の半分以上を投資するのも危険**です。たとえば、株式投資と並んで個人投資家に人気のある外国為替証拠金取引（ＦＸ）は、少額で始められる上、預けた資金に対して最大25倍の取引ができる仕組みであることから資金効率がよく、特に、若年層が気軽に始めることが多いようです。

私も以前はＦＸ取引にハマっていた時期がありますし、まわりの人に勧めたこともあります。でも、長くは続きませんでした。いまはまったくやっていませんし、人に勧めることもありません。

それは、ＦＸがゼロサムゲームだからです。

株式投資は、極端に言えば、株価が順調に上昇すれば、投資している人すべてが利益を出すことも可能ですが、ＦＸはいずれかの通貨ペアが上がれば、相対関係にある通貨ペアが下がる仕組みのため、誰かが勝つ裏で、必ず、誰かが負けます。

このゼロサムゲームの中で、投資のプロである機関投資家やヘッジファンドなどと戦わなければならない個人投資家、特に、投資初心者が勝ち続けるのは至難の業(わざ)。これでは、お金への不安を解消するための投資にはなりません。

また、高騰、急落を繰り返し、注目を集めた暗号資産でも、実際に財を成した方々がいるのは確かですが、その仕組みはとても複雑で、まだ実用性の乏(とぼ)しい金融商品です。依然として詐欺も多いことから、積極的に取引する投資対象ではないと考えています。

これらリスクの高い金融商品は、預け入れた資金以上の損失を抱える可能性のある投機商品です。偶然に得た利益は長続きしません。まずは、損失を抱えてしまった場合、どれくらいまでならマイナスを受け入れることができるのか、その度合いを決めておきましょう。

投資は「一攫千金」を狙うのではなく、継続してこそ効果があります。

マイナスが大きくなって、生活に影響が出てしまうようでは元も子もありません。

自分の資産がどこまで減っても大丈夫なのか、あなたの資産や今後のライフイベントなどを考慮したうえで投資することが大切です。

「投資」と「投機」はまったくの別物

資産運用について考える時、「投資」か「投機」か、という点はしっかり押さえておく必要があります。両者はまったく似て非なるものだからです。

投資と投機——なかなか明確に使い分けるのは困難です。安く買って高く売ることで値上がり益を得るという点では、投資も投機も同じだからです。

ただ、明確に違う点があります。

それは、対象物そのものが新たな付加価値を生み出せるかどうか、という点です。

たとえば株式を例に挙げて考えてみましょう。株式に投資することで得られる収益は、株価の値上がり益に加えて、決算日に最終利益が実現していた場合、配当金という形で、その一部が投資家に還元されます。配当金は、その会社が1年間、行った事業によって得られた利益の一部ですから、まさにその会社が生み出した付加価値であると考えられます。

債券の利金、預貯金の利息も同じです。

あるいは不動産から得られる収益も、そのひとつといって良いでしょう。ただし不動産は、土地を持っているだけでは何も得られません。その土地の上に建物を建てて、それを第三者に賃貸物件として貸し出して初めて、家賃収入という経済的付加価値を享受できるのです。

このように、株式や債券、預貯金、不動産は、額の大小は別にして、インカムゲイン（資産を保有していることで得られる収入）を得ることができます。このように、新たな経済的付加価値を生み出せるものに資金を投じるのが「投資」です。

一方、「投機」は新たな経済的付加価値を生み出さないものに資金を投じる行為です。たとえば前述したＦＸがそうですし、金（ＧＯＬＤ）やトウモロコシ、原油などのコモディティ（商品）、暗号資産も同じです。

これらはいずれも、それそのものが新たな付加価値を生み出すことはありません。

たとえば金1キログラムを保有している間、そこから新たに金が10グラム、20グラムというように生み出されることなどあり得ない話です。

金1キログラムは10年保有し続けても、100年保有し続けても、あくまでも1キログラムの金でしかありません。

では、どれだけ長期で保有しても増えない物質であるにもかかわらず、多くの人が夢中になって売買を繰り返しているのはなぜでしょうか。

それは、値動きの魅力といっても良いのかもしれません。FXにしても金などのコモディティにしても、あるいは暗号資産にしても、価格が大きく変動することで得られるキャピタルゲイン（株式や債券など、保有している資産を売却することによって得られる売買差益のこと）に魅力があるのです。

ただし、キャピタルゲインは明確な本源的価値のみによって動くわけではありません。そのモノに対する期待値も多分に含まれます。

「ひょっとしたらこの先、金は買われるかもしれない」「ドルは売られるかもしれない」という期待感が需給関係を変化させ、それによって価格が動き、キャピタルゲインが得られるのです。

しかし、この手の期待感というものは、極めてあやふやなものです。あやふやなものだからこそ投機は「欲望と恐怖のゲーム」なのです。

別の言い方をすると、**投資には明確なファンダメンタルズ（基礎的条件）があり、そのためフェアバリュー（適正価格）を算出できるのに対し、投機はファンダメンタルズがなく、フェアバリューの算出が極めて難しい**とも言えます。金のフェアバリューがいくらかを明確に計算できる方法は、私もわかりません。

ここで大事なことは、自分の大事なお金をどこに置くのか、ということです。投資の側に置くのか、投機の側に置くのかによって、リスク管理、投資対象の選別、ポートフォリオの構築など、すべての点で異なるものになるからです。

はっきり申し上げると、**投機はギャンブル**です。対象物の価格が値上がりするのか、それとも値下がりするのかを予測するためには、市場参加者の思惑を読まなければなりません。が、思惑はあくまでも思惑なので、突如として違う方向に動くことも起こり得ます。短期で利益を得るには適していますが、長期的な資産形成、資産運用には不向きです。

もちろん、ほんの一部のお金を、楽しむための投機に使うことは否定しません。

でも、ギャンブルではない長期的な資産形成、資産運用で、しっかり資産をつくりたいと思っているならば、株式や債券、不動産など新たな経済的付加価値を生み出す投資対象でポートフォリオを固めるべきだと思います。

「金融資産」と「実物資産」の違いとは

個人が保有できる資産は**「金融資産」**と**「実物資産」**に大別できます。

金融資産には預貯金、保険、有価証券があります。一方、それ以外で個人所有が認められているものは、ほぼすべてが実物資産といえるでしょう。個人が所有している実物資産としては、不動産や、金やプラチナなどの貴金属、美術品などがあてはまります。

資産運用にあたっては、金融資産と実物資産のバランスをどうやって取るのか、という点がポイントになるわけですが、それを考える前に金融資産と実物資産のそれぞれについて、メリットとデメリットを把握しておく必要があります。

金融資産のメリットは、小口化と流動性にあります。

株式は企業価値を証券化し、小口化したものです。時価総額が１０００億円の企業を買うのは、おいそれとできることではありませんが、それを小口化した株式で所有するのは簡単です。時価総額が１０００億円でも、１億株の株式を発行すれば、１株あたりの株価は１０００円です。

小口化の利点は、他者への譲渡が容易になることです。だから株式が証券取引所に上場され、不特定多数の投資家によって売買されるのです。

そして、一定の流動性が確保されれば、現金化も容易になります。それを保有している人は、自分の好きなタイミングで、それを売却して現金化できるからです。保険商品は金融商品のなかでもやや趣が異なりますが、小口でいつでも現金化できるという特性は、預貯金も同じです。預貯金の場合、金融機関の債務を小口化したものと考えることができます。

このような利便性がある反面、金融資産はかつてのリーマンショックのような金融危機が生じると、市場で形成されている価格が暴落するリスクがあります。

また発行体の信用リスクもあります。たとえば株式であれば、それを発行している企業が経営破綻した場合、ただの紙切れになる恐れがあります。

特に株式を保有している投資家は、債務返済順位が最も劣後するため、他の債権者が持つ債権を処理したうえで、それでも残余財産があった時に、ようやく配当が得られます。そのため、債務超過で破綻（はたん）されてしまうと、1円も手元に残らないということになってしまうのです。

これは債券も同様です。また預貯金は預金保険機構が一定金額まで、預金保険によって元利金の返還を保障しているものの、保障される額は元本1000万円までと破綻日までの利息等なので、それを超える大口預金は、保障されない恐れがあります。

一方、**実物資産のメリット**は何かというと、金融資産のデメリットの逆で、**金融不安による影響をほぼ受けない**点にあります。そればかりか、たとえば金は金融不安や紛争などが生じて、世の中に不穏な空気が流れると、逆に価格が上昇するケースもあるくらいです。

あるいはインフレに強いという特性もあります。これは考えてみれば当たり前のことなのですが、インフレとはモノの値段が上がることであり、実物資産はモノなので、インフレが激しくなるほど実物資産の価値は上昇します。金や不動産がインフレヘッジになると言われるのは、こういう理由があるからです。

逆に、実物資産のデメリットは、流動性の低さとコストの割高さにあると考えられます。

たとえば不動産などは、ピンキリですが、高額物件になると1億円を超えるようなものがざらにあります。これだけ高額な資産になると、急に現金が必要になって売却しようとしても、簡単に売れるものではありません。

しかも、株式のように不特定多数の投資家が参加するマーケットが存在しないので、値付けが不透明になるリスクがあります。株式や投資信託は取引コストが明確ですが、不動産の売買コストは、どうしても不透明感がつきまといます。

資産運用のポイントは、金融資産と実物資産のメリット、デメリットを把握したうえで

えで、両者の配分比率をどうするか、というところにあります。

これは一概には何とも言えませんが、たとえば分譲マンションや一軒家を購入している人は、それ一軒だけで保有資産の大部分が実物資産で占められていると考えられます。家は自分たちが住むための道具として考えると、それが自身の保有資産であるという実感に欠けるかもしれませんが、自宅は立派な実物資産です。このように不動産という実物資産を保有している人は、どちらかというと金融資産を中心にした資産形成を進めるべきでしょう。

不動産投資への不安に答える

不動産投資は、購入金額が大きいこともあって、「自分には縁がない」という声をよく聞きます。

実際、国内の不動産投資をしている人の割合は、何かしらの投資に取り組んでいる人の中でも10％〜20％程度でしょうか。

私も長らく、不動産投資は経済的に余裕があり、かつ不動産の知識を持つ方々が中心という印象を持っていましたが、それが**ガラリと変わったのが、いわゆる「アベノミクス」に端を発した日銀のマイナス金利の導入**でした。銀行などの金融機関が、アパートローン（主にアパートの建築資金を融資目的とするローンのこと）にも力を入れ始め、後に「サラリーマン投資家」といわれる方々も続々と参入してきました。このように、不動産投資が一般的になったのは、それほど前のことではないのです。

まず、不動産投資は「リスクが高いのでは」と聞かれます。

これは本当なのでしょうか？

リスクが高いと考えるのは、土地神話が崩壊したあの昭和バブルの印象がまだ残っているからかもしれません。当時は、「土地ころがし」「地上げ屋」なんて言葉が生まれ、転売を目的とする土地の売買が盛んにおこなわれました。

しかし、不動産投資は本来、購入したマンションやアパートを賃貸し、支払われた家賃からローンや経費を差し引いたものが利益になるというビジネスモデルです。

価格が安定した「家賃」という収入を得られることで、実は、他の金融商品に比べると、比較的、収益の予測が立てやすい投資なのです。

もちろん不動産価格が下がることもありますが、家賃収入までガンガン下がることはまずありません。また、物価変動に強い実物資産であることから、インフレ下において不動産価格が上昇することも期待できます。

次に、「お金持ちにしかできないのでは」という質問もいただきますが、これは、購入時に不動産投資ローンを活用すれば、手元に資金がなくても投資できます。

「難しそう」と言われることも多いのですが、そもそも難しいのは当たり前です。

ここまで書いてきたように、**お金を簡単に稼ぐ方法はありません。**どの金融商品に投資しようとしても、ある程度の勉強は必要です。それは不動産投資も同じで、知識がまったくない状態で始めるのは無謀というものです。

しかし、「駅近」で「築浅」「近所にスーパーや病院があって」……など、どんな物件がいい物件なのかを、自分ごととしてとらえられるのが不動産投資の面白さのひとつです。

取引の流れなど、基本的な知識さえ身につけておけば、それほど難しい投資ではないはずです。

最後に、安定的な投資だと「大きな利益が望めないのでは？」と思われるのなら、海外不動産にも目を向けてみましょう。

国内の不動産が安定資産とされる一方で、人口が増加し、経済成長率の高い国への不動産投資は、家賃収入に加えて、不動産自体の値上がりも期待できる投資です。特に、新興国では、急激な発展によって都市部の住宅の供給が追い付かず、まだまだ物件が必要な国も多々あります。

その国・地域によって状況が違うため、ひと括(くく)りにはできませんが、**家賃収入であるインカムゲインと、売却したときに得られるキャピタルゲインの上昇が両輪となる、魅力ある投資が海外の不動産投資**です。

また、このインフレ下で海外不動産に投資すれば、家賃収入は投資した国の通貨で受け取れますから、日本円に換金したときに、多くの日本円が入ってきます。それは、不動産を売却したときの代金も同様で、実際、２０２１年以降、私のまわりの海外不動産に投資している方々は、この円安局面で大きなメリットを享受しています。

「どこまでリスクを負えるのか」を考えてみよう

お金のこと、とりわけ運用のことを考える時には、自分がどの程度までのリスクなら許容できるのかを考える必要があります。

リスクにもさまざまな種類がありますが、ここでは「価格変動リスク」という観点でお話を進めていきましょう。恐らく多くの人が資産運用のリスクを考えた時、一番気にするのが価格変動リスクだからです。

預貯金や債券のように、満期および償還まで保有すれば元利金の返済が発行体レベルで保証されている金融商品なら問題はありませんが、株式や投資信託のような価格変動リスクを伴う金融商品や、不動産などの実物資産は、自分が購入した時の値段に比べて値下がりするリスクを想定しておく必要があります。

さまざまな要件が絡んでくるので一概には言えませんが、たとえば不動産がバブルピークからどん底までどの程度値下がりしたのかを、頭の片隅に入れておくことは必要でしょう。バブル景気最終盤の１９９０年、東京23区の商業地の公示価格は、坪2

７０５万円でした。これがバブル崩壊後の２００５年には、坪４４９万円まで値下がりしましたから、ほぼ6分の１まで値下がりするリスクがあると考えられます。

もちろん、１９８０年代バブル時における東京23区の不動産の価格形成は異常でしたから、それと単純に比較するのが正しいかと言われると、そこはいささか疑問も生じますが、最悪の場合を想定するならば、それくらいの値下がりリスクが存在することを知っておくべきでしょう。

「6分の１になるような資産を持つのは怖い」と思われる方もいらっしゃるでしょう。ただ、それも考え方次第です。

たとえば持っている資産全額で不動産を全力買いするのは、かなり危険な行為です。１億円の資産で不動産を購入して暴落が生じた時、その資産価値は１６００万円強まで目減りしてしまいます。でも、保有している資産総額が1億円で、そのうち１０００万円だけを不動産投資に回したら、仮にそれが6分の１になったとしても、損失額が８３４万円程度なので、１億円の総資産から見た損失率は、８・34％です。

これがポートフォリオ分散の効果とも言えます。このように**自分が許容できる損失の額を念頭においたうえで、自分が持っている総資産に対する投資比率を決めていけ**

ば良いのです。

また、保有資産の評価額が値下がりすることをまったく気にしないという手もあります。

これは資産を増やす必要のある資産形成層というよりも、持っている資産を運用してそこから収益を得る資産活用層の運用法といっても良いかと思いますが、たとえば自分が65歳を超えて、それまでに築いた資産を上手に運用し、そこから得られる運用収益と公的年金で生活費を賄う人にとって大事なのは、保有資産の値上がり益よりも、保有資産から定期的に受け取れるインカムゲインです。

保有資産が１億円あって、そこから年５％のインカムゲインが得られたら、年間の収入は５００万円です。もちろん現状、年５％も受け取るのは、預貯金などでは困難です。

でも、株式の高配当利回り銘柄や不動産投資信託（Ｊ－ＲＥＩＴ）、あるいは実物不動産などに投資すれば、年５％程度のインカムゲインを実現するのは比較的容易と思われます。

しかも、この方法を取れば、よほど贅沢（ぜいたく）な老後の生活を考えなければ十分に生活できるはずです。だとすれば、保有している1億円の元本をほぼ取り崩すことなく、老後の生活を送ることができます。労働による定期収入が得られなくなった高齢者にとって何よりのプレッシャーは、自分の持っている資産が徐々に目減りしていくことでしょう。

そのプレッシャーを背負わずに済むためには、インカムゲインに注目した投資戦略は有効ですし、**一定のインカムゲインを得ることに主眼を置けば、保有資産の評価額が多少値下がりしても、気にすることはありません。**

海外投資も視野に入れよう

「卵をひとつの籠（かご）に盛るな」という相場格言があります。

たくさんの卵を入れた籠をもし落としてしまったらどうなるでしょうか。卵は割れやすいため、大半の卵がいとも簡単に割れてしまいますよね。

投資も同様で、たとえば、ある銘柄にあなたの資産すべてを投じたとしましょう。

思った通りに上昇すれば、得られる利益は大きいのですが、もし予想が外れて一気に下落してしまったら、大きな損失を抱えてしまいます。

このようにひとつの銘柄や金融商品に投資資金を集中させるのは、ハイリスク・ハイリターンだとされています。

そのリスクをできるだけ抑えるためには、卵をひとつの籠に集中させないこと。投資では、複数の銘柄や業種、金融商品を組み合わせ、ポートフォリオを構築しなくてはなりません。これが**「分散投資」**です。

分散投資のポイントは3つです。

1つ目は、**投資する「銘柄」を分散させること**です。投資していた企業がもし倒産してしまったとしても、分散しておけば、その損害は一部の資金にとどめることができます。

2つ目は、**投資する「金融商品」を分散させる**ことです。

金融商品にはそれぞれに特徴があります。それらを組み合わせることで、「金融商品」の分散にとどまらず、「地域」を分散することにもつながります。

たとえば、「国内株式」は、身近で情報も集めやすいため、初心者でも投資を始めやすい金融商品です。それを「海外株式」まで視野を広げると、グローバルに活躍している企業の地球規模の成長を享受できるため、投資の幅も広くなり、厚みも増してきます。ただ、為替変動リスクや、政治・経済の状況によって混乱が生じた場合、投資した資産の価値が変動するリスクがあることを念頭に置いておきましょう。

「国内債券」は、保有期間に利息を受けとれる上、満期日には額面金額が戻ることから、比較的リスクが低い金融商品と言われています。株式の値動きと反対の動きをすることも多く、一緒に投資すれば、株式のリスクを抑えられるという効果も期待できます。

「海外債券」は、国内債券よりも高い金利が期待できます。ただ、海外株式と同様に為替変動リスクやカントリーリスクがあるため、国内債券よりもリスクが高いとされています。

「金」には、利息や配当がつきませんが、紛争などが起こり、世界で地政学的リスクが高まったときなどに、上昇する傾向があります。

「現金」で持つのも、投資になる場合があります。それは、海外の口座に貯金することとです。ご存じの通り、円相場は下落傾向にあり、円で持ち続けるとその価値は徐々に目減りしてしまいます。海外口座であれば、日本の銀行に比べて金利が高く、貯金しているだけでお金が増えてくれるでしょう。その資金を使いたいときは、日本国内のATMで引き出すこともできますし、デビットカードで使うこともできます。

私も実際に、香港やインドネシアなどの銀行に口座を持ち、現地通貨で定期預金をしています。また、直接行かなくても、モンゴルのようにオンラインで口座を開設できる国もあります。ただ、言葉の壁があって口座をつくりにくい上、税金や手数料に関しても国ごとにルールが違いますので、よく調べる必要があります。

また、海外に口座を開設するときは、「CRS」の存在も知っておいてください。「CRS」(Common Reporting Standard)とは、外国の金融機関にある口座などを利用した国際的な脱税や租税回避を防止するため、経済協力開発機構(OECD)が策定した基準で、金融口座情報を自動交換する制度です。日本も2017年1月から適用され、情報交換が始まっています。他100以上の国・地域が加盟している一方、まだ加盟していない国・地域もあるのが現状です。

3つ目のポイントは**「時間」分散**です。これまでも投資には「時間の財布」が必要と書きましたが、投資するタイミングをわけて、複数回投資する方法も有効です。株式や投資信託など、金融商品の価格は日々変動しています。一度に買った後、そこが「高値」だったとなれば、利益が出るまでに時間がかかる、もしくは、大きな損失を出してしまう恐れもあります。少しずつ複数回にわけて投資すれば、そのリスクを分散することができるでしょう。

資金が少なく、分散投資は無理だと言う方もいるでしょう。

しかし、投資信託の中には、世界の株式や債券をパッケージにして販売しているものも多くありますから、そういった投資信託を少額からコツコツ積み立てていくのもいいでしょう。また、最初は国内の金融商品から始めて、徐々に海外への投資を加えていく方法もあります。どちらにしても、分散させることができれば、それだけあなたの資産の安定感が増すのだということを覚えておいてください。

これらの点を踏まえたうえで、海外不動産投資をどのように活用すれば良いのか、話を進めていきたいと思います。

プロの視点！

ココザスに未来を感じた

ダミダンスレン・バーサンツェレン（デルゲルナランウルゴー株式会社代表取締役／特定非営利活動法人在日モンゴル人会会長）

安藤氏と初めてお会いしたのは、安藤氏が主催するワイン会にて。20～40代の方が参加する活気のある会だった。参加者の中心で皆の注目を集める安藤氏はキラキラとしたオーラを放っていた。

ワイン会終了後にココザス株式会社のオフィスを訪問した。鮮やかなココザスカラー（オレンジ）の壁、入口にはダーツボードが設置してあり、若い社員の方がラフな服装で仕事をしている。自由な社風を感じた。

私のモンゴルの会社「デルゲルナランウルゴー株式会社」は、モンゴルの首都ウランバートルでマンションの開発・建設・販売をしている。

現在進行中のプロジェクトの3号棟に、ココザスが多額の資金を投入し、共同プロジェクトとして進めると決断した。

これまでも数々の大きな事業をやられてきた安藤氏が「人生最大の挑戦」として取り組むという。そして安藤氏がこの決断をしたのはなんと、私と出会ってから、わずか2カ月と10日。ワイン会で出会った時はモンゴルという国のことをほとんど知らない状態であったのにもかかわらず、驚くほどのスピードで重大な決断をされたのだ。

ワイン会の翌週。練馬区の光が丘公園で開催されたモンゴルの春祭り「ハワリンバヤル」に役員の方と3名で来場し、モンゴルの雰囲気を体験していただいた。弊社はこの春祭りでブースを出し、マンションの紹介をした。モンゴル人は若いうちに結婚する人が多く、家（マンション）も若いうちに購入する人が多い。安藤氏は真剣な表情で熱心にマンションの説明を聞くモンゴルの若者たちを見て、「この国の人たちのためにマンションを建てたい」と言ってくれた。

そして「ハワリンバヤル」の翌月。役員・社員の方と4名でモンゴル出張に来られた。渋滞が深刻な首都ウランバートルの街中。クラクションを何度も鳴らしながら荒い運転をする車が溢れる。

多くの日本人観光客は「日本と違って暮らしにくい、運転が荒くて怖い、クラクションが煩い、早く目的地に着きたい」と不満を言う人がほとんどだ。

だが、安藤氏は一言、「みんな急いでいるんですね」。感情を出すわけでもなく、ただ客観的に、冷静に物事を分析する。そして、この「みんな急いでいる」ことがモンゴルの成長のカギだということを瞬時に発見された。初めて訪れる国なのに、鋭く、深く、本質を理解してくれたのだ。

決断は早いが、決断してからの実行がまた早い。即断即決、即実行を体現している人だ。安藤氏はココザスサイドでこのプロジェクトの陣頭指揮をとり、全力で取り組んでくださった。安藤氏と、ココザスの実行するスピードの速さが、弊社にとって大きな力となった。

「世界は一つ」。海外ビジネスを行う上で、安藤氏はこのことを深く理解しており、本当の意味で広い心と広い視野を持つ人だと思っている。そしてその心の中に強力なエンジンを持っている。

強力なパワーで動くエンジンで、全力で仕事に取り組み、企業のトップでありながら、日々ものすごい仕事量をこなしている。一番難しいことを自ら、責任を持って取り組む。そして皆の力を信じ、組織として成功させていく。

新しい道を探してチャレンジする勇気。強い自信は、多くの事実で裏付けされており、データから間違いないと判断されたものだ。

固定観念の殻（から）を新しい概念で打ち破り、新しい社会をつくっていく。安藤氏率いるココザスには、そんな力があると思っている。

仕事を通じて、安藤氏からたくさんのことを学んだ。成功しても舞い上がらない、失敗しても落ち込まない。動じない心、平常心、度胸。ただ、結果を結果として受け止め対応し、冷静に分析し、次に生かす。いままでに苦労されてきたからなのか、人の痛みが分かり、しかも常に謙虚で、どこへでも自ら足を運ぶところも尊敬している。

話を私自身に戻すが、モンゴルでデベロッパーになろうと思ったきっかけは、２００４年、来日し、建築業に従事していたことが大きい。また、ＮＰＯ「在日モンゴル人会」での活動の中で、日本の優れた建材をモンゴルの人々に広めたいと思ったことも重要な出来事だった。同時に、日本の皆さまにはモンゴルの良さを知ってもらい、成長著（いちじる）しいモンゴルに投資をして利益を得てもらいたいという想いがあった。

この想いが実現し、弊社のマンションは日本製の建材（玄関ドア、鍵、丁番、取手など）

を使用し、十数名の日本人顧客がマンションを投資用に購入してくれた。

安藤氏が私の想いに賛同してくださり、3号棟の共同開発という決断をし、多くの日本人・モンゴル人の顧客にマンションを販売し、YouTubeやメールマガジンなどで日本の皆さまにモンゴルの魅力をたくさん伝えてくれた。私の想いをさらに大きな形で実現してくれたのだ。

いくつもの偶然が重なり安藤氏に出会えた。安藤氏に出会えたことは天からのギフトだと思っている。

私はラマ教（チベット仏教）信者であり、この奇跡をラマ教の神様に感謝している。そしてこの場をお借りして、安藤氏、ココザスの皆さま、ココザスの顧客の皆さま、関係者の皆さまに厚く御礼申し上げます。

ダミダンスレン・バーサンツェレン
1982年、モンゴル・ウランバートル生まれ。2019年よりデルゲルナランウルゴー株式会社代表取締役。

2章

海外不動産投資、ここに大注目！

海外不動産投資が一般的になってきた！

近年、日本でも海外不動産投資が一般的になってきました。とはいえ、まだ歴史は浅く、本格的に始まったのは２０００年代に入ってからです。

その２０００年初頭、日本は、バブル崩壊で経済全体がデフレに突入していく環境下であり、国内不動産に対しても、価格は下がるものだという「諦め」がまん延していました。

そんなときに富裕層が目をつけたのが、「海外不動産投資」です。

経済が停滞し、人口減少や少子高齢化が進む日本とは対照的に、日本の高度成長期のような活気にあふれ、今後さらなる成長が見込まれる海外市場が魅力的に映ったのでしょう。

中国から始まった海外不動産投資は、瞬く間にカンボジアや先進国である米国などへも拡大。さらに、日本のみならず世界からの多額の資金を巻き込みながら、その対象を東南アジア、特に、タイやマレーシア、フィリピンなどへと広げながら、投資マネーが流入したのです。

歩調を合わせるように、海外不動産投資に関する情報発信や売買システムが整ってきたことも、投資を活発化させた一因だったのでしょう。2010年代に入ると、さらにその熱は加熱します。情報量が増えた影響で富裕層だけではなく、サラリーマン投資家の選択肢としても海外不動産が一般的になってきました。

ただ、投機的な売買が過熱すると不動産価格は急騰します。

その結果、外国人投資家の不動産売買に対する規制が強化され、ブームはそこでいったん収束する、ということを何度も繰り返してきました。

本来、**海外不動産投資、中でも新興国に対する投資は、これからの成長を享受するための投資**です。しかし、それとは別に、期待を先取りした投機マネーがその国や政府を巻き込む形で、ダイナミックな相場を勝手につくり上げてしまいます。

だからこそ、新興国の不動産に投資するときは売買のタイミングを見誤らないよう、その国の事情をさまざまな角度から下調べしておく必要があります。

本章では、そんな海外不動産投資に関する、メリット・デメリットなどをまとめていきます。

海外不動産投資におけるメリットとは

投資する国や地域によって多少の違いはありますが、海外不動産投資のメリットとしてあげられるのは、主に次の5つです。

●海外不動産投資のメリット① 「不動産価格上昇による売却益が狙えること」

海外には、今後の経済成長や人口増加を期待し、その期待を先取りするかのように、不動産価格が上昇している国があります。そのため、日本国内の不動産に投資するよりも多くのキャピタルゲインを得られる可能性があります。

このキャピタルゲインとは不動産を売却したときの利益のことで、不動産を購入した後に不動産価値が上昇すれば、大きな利益も期待できます。実際に、日本国内でも、かつての高度経済成長期やバブル期には不動産価格が大きく上昇し、それを高い価格で売却して大きな利益を得たという方もいるでしょう。

しかし、経済が停滞もしくは後退したらどうでしょうか。不動産価格は一転して下落し、キャピタルゲインが期待できなくなるどころか、マイナスになってしまう場合もあります。だからこそ、**できるだけ安い時期に購入し、その後の不動産価値の上昇を享受できる好条件の物件を選ぶ必要がある**のです。

日本ではバブル期以降、長らく不動産価格が低迷してきました。

国内不動産では大きなキャピタルゲインを得られないと判断した投資家の多くが、キャピタルゲインが期待できる海外不動産に着目し始めています。

●海外不動産投資のメリット②「安定した家賃収入が得られること」

不動産投資で得られる利益は、キャピタルゲインのほかにもうひとつ、インカムゲインがあります。

インカムゲインとは、投資した物件から得られる家賃収入のことで、もし不動産を不動産投資ローンで購入したとしても、その返済を不安に思わずに済むのは、安定した家賃収入があるからです。また、インカムゲインがあるからこそ、不動産投資が他の金融商品よりも収益の予測が立てやすいといわれるのです。

改めて、「家賃収入」が安定している理由をまとめておきましょう。

もともと**家賃には「粘着性」「遅行性」という特性**があり、株式相場や商品価格のように景気動向に敏感に反応するのではなく、ゆっくりとその影響が反映されると言われています。

皆さんがいま、賃貸にお住まいならお分かりだと思いますが、たとえ景気が良くなり、不動産価格が上昇基調になったとしても、大家さんからすぐに家賃の値上げ交渉があるわけではありませんよね？

景気が悪化したときも同じです。

実はこれは、借りる側が「借地借家法」に守られているからです。

借地借家法によると、家賃の値上げには「正当な理由」が必要であり、まずは、借主に対して正当な理由を示して、値上げの意向を伝える必要があるとしています。また、値上げの幅も法律で制限されています。

さらに、家賃は景気動向だけではなく、その物件の構造や立地条件、周辺の競合物件などと比較して算出されることも安定している背景のひとつでしょう。その結果、大きく上がらない一方で、大きく下がることもない「安定した収入」と言われているのです。

しかしながら、この家賃には「人口」が大きく影響します。

人口が減少している日本では当然のように住まいの需要は減少傾向にあり、残念ながら、将来的には空室率が悪化することも見込まれます。したがって、安定しているはずの家賃収入も、その影響を避けることはできないでしょう。残念ながら、人口が減り続けることが明白な日本では、不動産価格が右肩上がりで上がり続けるという時代はすでに終わっています。

一方で、人口が増えている国では、住まいもそれだけ多く必要になり、そこに経済発展が伴うのなら長期的に空室率が悪化するリスクも低下します。つまり、家賃収入を継続的、かつ安定的に得られる可能性が高まります。特に、**新興国では人口増加と経済成長がともに期待できる国が多くありますから、投資の対象として人気が高いのも理解できます。**

●海外不動産投資のメリット③「地理的な分散でリスクを回避できること」

「卵をひとつの籠に盛るな」という相場格言があることは、すでに書きました。投資する金融商品を「地域」や「時間」といった視点で分散させ、為替変動リスクやカントリーリスクを抑制することで、資産を守れるという考えです。

もちろん不動産においても、国内不動産だけに投資していると、バブル崩壊のときのように国内の景気が悪化したり、不動産価格が下がったりすれば、保有している資産も少なからず影響を受けてしまいます。

しかし、国内不動産を保有するのと同時に、経済成長が期待できる新興国の不動産にも投資していたらどうでしょうか。

万が一、世界恐慌のような全世界を巻き込んだ危機が起こったとすれば、いったんはすべての資産価値が下がるかもしれませんが、それはあくまでも一時的なことです。不況の影響が少ないと思われる国や、不況からの立ち直りが早いとされる地域の物件から、その価値も回復していくのです。

このように、**不動産投資というカテゴリーの中でも、安心と成長を組み合わせた**

り、地理的な分散をしたりすれば、ある程度のリスクを抑えることができます。また、不動産投資はその物件のある国・地域の通貨で行われますから、為替面からの「分散」効果も得られるかもしれません。

●海外不動産投資のメリット④「円安に強いこと」

海外不動産投資は、その投資する物件が存在する国・地域の通貨で行われることは、前述しました。ご存じの通り、ここ数年で円安が進んできましたが、この「円安」が海外不動産投資には大きなメリットとなります。

もし、あなたが投資している国の通貨より、日本円が安くなった場合、現地通貨で受け取る「家賃」はどうなるのでしょうか。

計算してみましょう。

たとえば、家賃１０００米ドルを受け取ったとします。そのときの米ドル円相場が１ドル１３０円なら、日本円に換算すると13万円です。しかし、１ドル１５０円だった場合には15万円となり、そこに２万円の差異が生じます。家賃は一緒なのに、円安が進んだだけで、家賃収入は２万円も多く受け取ることができます。このように、円安になればなるほど、円換算したときの収入が増えるのですから、円安は海外不動産を保有することの大きなメリットだと言えるでしょう。

ただし、注意も必要です。それは、海外不動産を売買するときです。

もし、購入時に円安が進んでいれば、想定以上に多額の資金を払わなければなりませんし、売却するときに円高が進んでいれば、円換算したときの利益は少なくなってしまいます。

海外不動産を売買するときは、売買するタイミングの為替レートはもちろん、相場のトレンドもできる限り、チェックしておくべきです。

●海外不動産投資のメリット⑤「インフレに強いこと」

不動産はインフレに強い「実物資産」といわれています。

実物資産とは、形があり、それ自体に価値がある資産のことで、代表的なものに金やプラチナなどの貴金属、土地や建物などの不動産があげられます。その対極にあるのが「金融資産」で、お金や預貯金、株式、投資信託、商品券などが含まれます。

さて、実物資産がインフレに強いのはなぜでしょう。

インフレとは、物価が上がる一方で、お金の価値が下がることです。たとえば、1本100円のジュースが200円に値上がりしたとしましょう。これまで400円あれば、そのジュースが4本買えていたものが、2本しか買えません。

物価が上がるということは、すなわちお金の価値が半分になったということであり、同時に、お金自体に価値がないのだということも表します。

しかし、「実物資産」である土地や建物、貴金属などはその物自体に価値があるため、たとえインフレになってもその資産が持つ一定の価値は保たれ、突然に半値になることなどあり得ないのです。

海外不動産投資におけるデメリットとは

次に海外不動産投資におけるデメリットを見てみましょう。

●海外不動産投資のデメリット①「金融機関などから融資を受けにくいこと」

国内不動産に投資するときには、不動産投資ローンを活用することをお勧めしました。

しかし、海外不動産投資の場合は、その不動産投資ローンを組むハードルは高く、日本国内、現地の金融機関などから融資を受けるのは簡単なことではありません。特に、**新興国の不動産に投資するときは、融資を受けるのは原則的には難しいと思っておいてください。**

なぜでしょう。

それは、海外不動産投資には為替や法的リスクが伴うからです。

日本国内の金融機関では、リスクが高いとされる海外不動産への融資条件が厳しい上、審査もより厳しく行われます。

また、現地の銀行から融資を受けようとしても、「現地に住んでいること」や「現地でビジネスをしていること」「現地での収入があること」などの条件があります。

また、たとえそれらの条件がクリアできたとしても、「収入が安定している状態を数年以上にわたって継続していること」が確認できなければ、融資は受けられないといった具合です。

国によっては、その国に住んでいなくても現地の金融機関から融資を受けられるところもありますが、私が知る限りその数はわずかです。

ただ、日本国内の金融機関でも、政府系金融機関である日本政策金融公庫や東京スター銀行、オリックス銀行などでは、一部の国を対象とした海外不動産投資向けのローンを提供していますから、相談してみるといいでしょう。

●海外不動産投資のデメリット②「政治や経済が不安定な国があること」

近年でも、ロシアによるウクライナ侵攻やパレスチナ問題など、解決の糸口がなかなか見つけられない深刻な問題を抱える国や地域は少なくありません。

もし、あなたがそういった国に物件を所有していたら、その物件のみならず、街や国全体が荒れて、大切な資産を失ってしまうかもしれません。

実際、ウクライナの首都キーウの物件に投資していた方から、今回の紛争が始まった直後に、物件の価格が大幅に下落したと聞きました。「仕方がないよね……」という諦めのひと言も。

もちろん、紛争はいつか終わります。しかし、終わる前にその物件が損傷したり、破壊されてしまったりするリスクがある上、紛争がどんな形でいつ終焉を迎えるのかは誰にもわかりません。**できる限り、地政学的リスクがある国への投資は避けるべきです。**

また、新興国には、政治・経済の情勢が不安定な国も多々あります。もし突然、政権が交代したら、不動産に関する制度や税金なども、ガラリと変わる可能性があり、あなたが想定していた投資プラン通りにいかなくなる恐れもありますので、注意が必要です。

●海外不動産投資のデメリット③「管理会社は信頼できるのか」

不動産投資には、その物件を管理してくれる管理会社が必須です。

この管理会社とは、投資家の代わりに入居者対応や建物の管理を行う会社のことです。まず、賃貸の状況は家賃収入に直結しますし、入居者の住環境を整えるためのフォローやメンテナンスが行き届いていたら、入居者の満足度は高く、投資家にとって家賃がさらに長い期間にわたって安定収入になる可能性が高まります。加えて、建物のいい状態が維持されれば、物件そのものの価値も維持されることになり、売却した後の利益の額も変わるかもしれません。

このように、**不動産投資において、よい管理会社はなくてはならない存在**であり、距離が離れている海外不動産の場合は特に、投資家が自ら対応することが難しいことから、さらにその存在が重要となります。

海外不動産に取り組む場合、日本側で海外不動産を扱うエージェントを通じて購入します。現地の不動産開発業者と現地語で直接やり取りする方法も中にはありますが、言語の問題やそもそもコネクションをつくりづらいこともあり、一般的ではありません。

エージェントは、物件探しや物件の購入手続きのみならず、現地の不動産開発業者と連携して物件の管理などもサポートしてくれる存在です。いわば、あなたの海外不動産投資のパートナーです。

したがって、いい物件、いい管理、安定した収入、より多くの売却益のためには、まず信頼できる不動産エージェントを選ぶことが海外不動産投資の入り口です。

選ぶときに確認すべきは、当然ながら、投資対象の国に対する専門性があるのか。また、評判や手数料なども知っておかなくてはなりません。

ちなみに、私は、現地とのコネクションがどれくらい強いかを入念にチェックするようにしています。

繰り返しになりますが、距離と言語の壁がある海外不動産に投資する場合、物件の紹介から始まり、管理についても現地の不動産開発業者との間を取り持ってくれるエージェントの存在は、国内不動産に投資するときとは比になりません。できれば、出口の売却についても親身にサポートしてくれる安定したエージェントを選びましょう。そう考えると、**個人的には一般個人ではなく会社組織として海外不動産エージェント業に取り組んでいる企業を選ぶ方が無難**に思えます。

物件を購入したあとにエージェントと突然に連絡がとれなくなったり、エージェントが突然に破産した、なんて話を聞いたことがあります。そうなれば、現地の不動産開発業者や管理会社と現地語でのやり取りが発生したり、最悪の場合、一切連絡がつかないというケースもあります。そうなってしまうと、投資家は泣き寝入りするしかありません。

エージェント選びは、くれぐれも慎重に行ってください。

先進国と新興国では、「メリット」「デメリット」が違う

ここまで、一般的に言われている海外不動産投資のメリット・デメリットを紹介してきましたが、それを先進国と新興国に分けるだけでも状況はガラリと変わります。なぜなら不動産投資は、投資する国の経済状況や不動産市場の性質に大きく影響を受けるからです。

まず、先進国の不動産市場は、日本と同様に、経済的に成熟しており、安定収入が期待できるマーケットです。対象は、米国や英国、日本、ドイツ、カナダ、オーストラリアなどです。これらの国に暮らす人の大半は、多少の格差はあったとしても生活基盤が築かれ、比較的豊かに生活しています。

この**先進国に対する不動産投資は、収益の安定確保を目指す方や、投資のポートフォリオを充実させて、分散効果も狙いたいという方に向いています。**

一方、新興国の不動産投資は、まさにいま、経済成長しているという国や、これからの発展が期待できる国の不動産に投資することです。中国やインド、ブラジル、フ

ィリピン、ベトナムなど東南アジア諸国連合（ＡＳＥＡＮ）に加盟する国々などがその対象です。

これら新興国の不動産市場には、高い成長ポテンシャルがある一方で、リスクも背中合わせです。したがって、比較的リスクの許容度が高く、高いリターンを求める人に向いています。

どちらにしても、まずは、自分がなぜ投資をするのか、どれだけのリスクを許容できるのか、投資の時間軸などさまざまな角度から分析し、それらが明確になってから、投資対象を慎重に選ぶようにしてください。

先進国の不動産投資における主な「メリット」「デメリット」

前述したように、先進国の不動産市場は、日本と同様に、経済的に成熟したマーケットであり、成熟したマーケットは、不動産投資家に安定収入をもたらします。

先進国の主要都市では人口が増加しており、中でも、就業者が主要都市に集中する傾向があるため、賃貸需要が多く、それらを賃貸付けしてくれるマーケットも整備されています。

たとえば、日本でも就業者の首都圏への集中が目立つ上、その賃貸需要を取り込むために、不動産会社のウェブサイトや店頭で、手軽に賃貸物件が探すことができるシステムが整っています。

また、賃貸だけでなく、物件を売買するセカンダリーマーケット（流通市場）や、リフォーム業者など、不動産を取り巻くあらゆる分野で流動性が高い上、法律や税制、その他の規制などもきちんと整備されています。

このように、先進国では不動産を取り巻くシステムのすべてが整っていることから、安定性が高く、低リスクで不動産投資ができます。

さらに、不動産市場の各種データや情報の透明性も高く、相場のトレンド、需要動向が把握しやすいのも、先進国の特徴のひとつです。これらデータは、皆さんが物件を売買するときのタイミングを計るときにも役立ってくれるでしょう。

その一方で、投資家の関心が高いがゆえに、競争は激しく、特に、主要都市や人気の地域では、良質な不動産物件を見つけにくいこともあって、不動産価格は高い傾向にあります。

賃貸需要が安定的で、賃料相場も比較的安定している反面、価格が高いため、「投資利回り」は低く、収益性が制限されてしまうのが先進国の特徴です。

投資利回りとは、「投資した金額に対する収益の割合」を年単位で算出したもので、「表面利回り」と「実質利回り」のふたつがあります。

まず、「表面利回り」は、年間の家賃収入から物件価格を割ることで算出します。不動産投資によってどれだけ効率よく収益が得られるかを表した、単純な利回りと覚えておきましょう。

一方、「実質利回り」は、修繕積立金、管理費、固定資産税などの「年間コスト」と、不動産仲介手数料、火災保険料、不動産取得税などの「不動産を取得するときのコスト」もすべて含めて計算をした利回りです。「表面利回り」よりも正確な収益力を算出することができます。

これら「利回り」は、物件の種類や築年数、国・地域などによって違うため、そのままを比較することはできませんが、物件価格を何年間で回収できるのかの目安にもなることから、知っておいた方がいいでしょう。

新興国の不動産投資における主な「メリット」「デメリット」

新興国の不動産市場は、経済成長が著しく、急速に都市化が進んでいるマーケットです。

主要都市では人口が急速に増加しているにもかかわらず、物件数は足りず、賃貸需要がひっ迫している都市も多く存在します。

また、不動産価格は先進国よりも低く、政府が外国からの投資を促進するための支援策を打ち出すことがあります。税制上の優遇措置や規制緩和などの措置を受けることができれば、より有利な条件で投資を行うことも可能でしょう。

その結果、国内で投資するよりも、利回りが高くなりやすいのも新興国のメリットです。

デメリットもあります。

まず、政治的に不安定な国が多いことです。

政権が突然に変わり、たとえば、投資の促進策が突然に打ち切られる、といったことが起きても不思議ではありません。

さらに経済の変動率が高く、為替相場の変動も大きいため、不動産価格の変動幅が不安定になり、収益を日本円に換金したとき、大きくその価値が変動する可能性もあります。

また、**全般的に法的な枠組みや規制の整備が未熟**です。

したがって、不動産投資を行う過程で、法的な問題が発生するリスクがあることも考えておく必要があります。加えて、市場データや情報の透明性が低く、日本では報道されないニュースがあるなど入手できる情報に限りがあることから、投資判断が難しい場面もあるでしょう。

自然災害にあったとき、被害が大きくなりやすく、復興が容易ではないこともリスクのひとつです。

メリットにもデメリットにもなり得る**「プレビルド方式」**をとっている国があるのも新興国の特徴です。

プレビルドとは、建物を建築する前に売買が行われることで、東南アジア各国や、後述するモンゴルではこの方式がスタンダードとなっており、建築する前に物件が完売するのは珍しいことではありません。

そのほか、最初の売り出し価格が安価であり、建築が進むごとに価格が上がっていく傾向にあることもこの方式のメリットのひとつです。安価なうちに投資することができれば、それだけ大きなキャピタルゲインを期待することができるでしょう。

しかし、購入してから賃料発生まで数年間かかることもあったり、決められた計画通りに建築されず、見込んでいた収入が入らなかったり、計画とは違う物件になってしまうこともあります。このプレビルド方式のメリット・デメリットも理解しておく必要があるでしょう。

各国の不動産投資の特徴を見てみると……

ここからは、不動産投資において、人気の高い国を取り上げていきましょう。

●海外不動産の投資環境①「不動産投資の大本命、先進国代表『米国』」

米国の不動産市場は、世界最大の規模を誇るマーケットであり、特徴は、新築物件の流通量が少なく、中古物件が全体の約80％を占める、中古住宅中心の市場だということです。

なぜでしょうか。

それは、米国では、土地の開発や建物の建築について、非常に厳しい審査が行われるからです。

たとえば、どの地区にどういった建物を建てて良いのかが定められていたり、一定の面積の中にどれだけの住宅を建てて良いといった区画規制もされていたりします。日本にも、地域ごとに建てていい建物と建ててはいけない建物が決められているなど一定の規制はありますが、米国ほど強力ではありません。

このように、**米国の不動産市場は、強い規制で「守られた」マーケットであるため、新築住宅の数がやみくもに増えることはなく、不動産の資産価値が比較的高く保たれます。**米国の不動産価格がリーマンショックのような経済危機を除くと、基本的

不動産制度・税制比較（先進国）

	日本	アメリカ	オーストラリア	シンガポール
外国人不動産保有	○（土地も可能）	○（土地も可能）	○（土地も可能）	○（マンションのみ）
外国人保有制限	無制限	無制限	原則新築のみ	無制限
契約書	日本語	英語	英語	英語
坪単価（高級物件）	1,000万円弱～	1,000万円弱～	600万～800万円	約1,000万～ 1,300万円
不動産上昇率	1～2%	3～5%	2-5%	1%
期待利回り	2.5%	3%	3%	1.5%
不動産消費税	建物に課税	0	0	20%
譲渡税	譲渡益税 短期と長期	州ごとで設定	州ごとで設定	売買価格の 12%→8%→4%
移住人気ランク	—	ハワイが3位	5位	9位

基礎講座③「海外不動産投資　場所・物件選びと購入方法」
出典：PropertyAccess.co
各国の不動産制度・税制制度を把握することが、不動産投資を成功する秘訣のひとつ

に右肩上がりのトレンドを形成しているのはそのためです。

売却という出口を考えたときに、このような価格が下がりにくい市場構造であることと、世界一の流動性を誇るマーケットは、とても魅力的です。

さらに、米国は人口が増加している国です。

移民を受け入れていることもあって、20代、30代という働き盛り世代の人口が多く、これからの経済成長も大いに期待できます。世界一の経済規模を誇る米国が継続的に成長す

るなら、世界中から人やお金が集まるのは当然のことです。そこに新しいビジネスが生まれ、さらに発展していくという好循環が期待できます。

その結果、住宅の供給はさらにタイトな状態となり、賃貸需要も旺盛となります。住宅ローン金利が高くなってもなお、物件を購入するときの競争率は高く、不動産価格が過去最高水準を保っているのは、こういった背景があるからです。

リスクもあります。

まず、米国は広大な国土を有しているため、州や郡によって世帯所得などに違いがあることです。世帯所得が低いところでは、家賃の滞納率が高まりますし、同時にそれらの街は治安への不安も高まるので、投資する場所を選ぶ際には、犯罪率なども調べなくてはなりません。

また、**利回りは全体的に低め**です。

高利回り物件があるとすれば、それは「田舎」か「治安が悪い場所」であることも考えられます。そういった場所は賃貸需要が低く、空室期間が長くなる可能性があるので注意が必要です。

米国の不動産投資は、中古物件が中心だと書きましたが、それゆえ、修繕コストが高めになるリスクも考えておきましょう。

最後に、以前は期待されていた節税効果は、２０２０年度に海外不動産投資の税制が改正されたことで、短期間で多くの減価償却費用を計上することはできなくなり、節税メリットは薄れてしまいました。

ただ、これらのリスクがあっても、米国不動産投資には圧倒的にメリットが多く、長期的に見てその人気が大きく下がることはなさそうです。

また、アメリカの住宅ローンは**「ノンリコースローン」**が中心です。

「ノンリコースローン」とは、欧米発で普及した融資方法で、日本では一般的ではありません。簡単に説明すれば、ローンを組んで返済しきれなくなった時、融資の対象物件を売却すればその債務がなくなる仕組みであり、単純に考えて、借り手側に大きなメリットがある融資方法です。

ただし、アメリカの物件向けに日本人がこの不動産投資ローンを利用するときは、物件価格全額ローンで……とはいかないようですから、ある程度の現金を用意する必要があります。最近、実際にお客さまにご提案した物件では物件代金の約50％は頭金の用意を求められました。

●海外不動産の投資環境②「過去数十年、不動産価格が上がり続けた『英国』」

英国の不動産価格は、長期にわたって安定的に成長してきました。

英国で最も長く算出されている住宅価格指数「ハリファックス・ハウス・プライス・インデックス」を見ますと、２００８年に起きたリーマンショックの影響で一時的に落ち込んだ以外は一貫して上昇基調を描き、２０２２年には、調査が開始された１９８３年の10倍程度まで増加しています。

英国の不動産価格が長期的に上がってきた理由を考えてみましょう。

まずは、人口が増加し続けていることです。

繰り返しますが、不動産価格の上昇に人口増は欠かせません。

英国は経済的に豊かな国であり、仕事を求めて、特に、第二次世界大戦後から多種多様な移民が流入してきました。移り住んだ彼らは戦後の復興やインフラ整備、工場勤務などに労働力を提供し、その後の経済発展の一助となったのです。

そして英国にはさらに仕事を求めて移住する人や、留学生の増加など人口増が続いた上、ＥＵ発足以降、加盟国からの移動も活発化しました。この人口増加が住宅需要の増加へとつながり、不動産価格が上昇したのです。

そこに、住宅不足が拍車をかけました。

英国は景観を守るための建築規制が厳しい国です。

街には石やレンガなどでつくられた建物が多く、築２００年、３００年という住宅も数多く存在します。歴史のある建物のほうが価値が高いとされ、新しく家を建てたくても建設の許可を取るのは容易ではありません。

もうお分かりですね。

英国は、米国同様に人口が増加しても新築住宅の供給数があまり増えない国であり、不動産価格が上がる条件が揃っている国なのです。

加えて、不動産投資を行いやすい環境があり、外国人投資家は一戸建てやホテルなど、さまざまな物件への投資が可能な上、法整備も進んでいます。

また、不動産投資をする際には、弁護士による書類チェックが必須であることから、欠陥のある物件を買わされたり、騙されたりするリスクは比較的低く、トラブルが起こりにくい仕組みです。こういった環境が整っていることも、投資家から人気を集める理由です。

ただし、英国は2020年にEUを離脱しましたが、新型コロナウイルス感染拡大と重なったこともあり、このEU離脱が長期的な英国経済にどのような悪影響を及ぼすのか、まだわかりません。

ただし、EUを離脱した後、欧州各国からやってきていた労働者が本国へ帰ってしまったことなどで労働力不足が深刻化しているようです。たとえば、物流を担(にな)うトラックの運転手の数が少なくなり、店頭に並ぶ商品数が少なくなったとか、そもそもコンテナが港に積み上げられたままで配送されないなど、さまざまな弊害が生じているという報道を目にします。

利回りも低めです。

EU離脱による景気への影響や、不動産価格に影響の大きい人口動態、賃貸需要などにどのような変化が及ぶのかを確認してからでも遅くありません。

いまは、慎重に行動すべきではないでしょうか。

●海外不動産の投資環境③「投資先としてもリゾートとしても大人気『ハワイ』」

日本からのアクセスもよく、美しいビーチや観光地が人気のハワイは、日本人にとって一番身近なリゾート地です。

実は、ハワイはリゾート地としてだけでなく、投資先としても大人気です。

1年を通じて過ごしやすく、治安もいいことから、移住する人や老後をハワイで過ごすシルバー世代、ハワイにセカンドホームを持つ人も増加し、人口減少を心配する必要はありません。

その結果、**賃貸需要も旺盛で、基本的に不動産価格は上昇トレンド**です。

特に、ビーチや商業施設に近いなどの優良物件は奪い合いで、悠長に価格交渉などしていたら、あっという間に買えなくなることもあるほどです。

また、海外不動産投資では非常に珍しく、日本国内の金融機関でもハワイの不動産投資向けにローンが組めたり、条件こそあるものの、現地の金融機関から融資を受けたりすることもできるため、この融資面も人気を後押ししている理由です。

ハワイは人気のエリアであることから、利回りは低いものの、現地に経験豊富な日本人の不動産エージェントも数多く存在しており、投資しやすい環境であることは間違いありません。価格が高いことを除いては。

●海外不動産の投資環境④「富裕層が集まる『ドバイ』」

世界一の高さを誇る超高層ビル「ブルジュ・ハリファ」や、ペルシャ湾に浮かぶ美しい人工島「パーム・ジュメイラ」など、人気の観光地が多い「ドバイ」。

一度は、旅行してみたいと思っている人も多いのではないでしょうか。

ドバイは、アラブ首長国連邦（UAE）の首長国の一つであり、UAE最大の都市です。

砂漠に囲まれているため、夏季である4月～10月はとにかく暑く、気温が摂氏40度を超えます。

ベストシーズンとされる11月から翌3月までの冬季は、平均気温が20度程度と過ごしやすい一方で、砂嵐が発生する日もあり、生活環境はそれほどいいとはいえません。昼と夜の寒暖差が大きいのも特徴です。

それでも、ドバイには世界中から富裕層が移住していると聞きます。

それはなぜでしょうか。

答えは、ドバイが急速に発展している都市だからです。

ドバイは、アジアやアフリカ、欧州を結ぶ要所として多くのグローバル企業が拠点を構えるほか、UAEの経済の中心、金融の拠点という側面も持ち合わせています。

人口もここ数年で急増しており、人口の約9割が移住してきた外国人。しかもそのうち7割が30代、40代の働き盛り世代です。

ドバイ政府は現在、持続可能な都市開発のためのアーバンマスタープラン「ドバイ2040」を進めています。ドバイを「世界最高の生活の質を備えた都市」にすることを目標に、市民や居住者、観光客に多様なライフスタイルと投資の機会を提供し、世界的な目的地としてのドバイの競争力を強化するための計画です。この計画によって、ドバイは今後さらに発展し、人口はますます増加していくと考えられています。

加えて、ドバイに投資マネーが流入しているのは、〝独自のメリット〟もあるからです。

そのひとつが、**不動産投資をすると「ビザ」がもらえる**こと。

ビザ（査証）は、そのパスポートが有効であり、入国することに支障がないという証明、いわば推薦状のようなものです。観光ビザやトランジットビザ、商用ビザ、就労ビザ、留学ビザ、ワーキングホリデービザなど、さまざまな目的に応じたものがありますが、これらを要求している国に入国する場合、私たちは東京にある大使館で申請し、取得しなければ入国することができません。

ところが、ドバイに不動産投資するとどうでしょう。

その投資額などによって、2年や10年などビザの種類が分かれているものの、ビザが発行され、移住することも可能になるのです。

移住したときのメリットも魅力的です。

たとえば、日本にいて海外不動産投資した場合には、収益に税金がかかり、日本で納税しなければなりませんが、ドバイに移住すれば、その税金は不要です。家族のビザも申請することができますから、ファミリーで優雅な生活を楽しむこともできるでしょう。

税制面での優遇措置は大きなメリットです。

ドバイは、２０１８年1月に消費税が導入されるまでは税金がまったくかかりませんでした。現在でも、消費税を除く、不動産取得税や家賃収入に対する所得税、固定資産税、売却する際のキャピタルゲイン税は納税する必要がありませんし、法人税や贈与税、相続税もないのだとか。２０２３年を表す漢字に「税」が選ばれた日本とは大違いです。ただし、これはあくまでもドバイに移住した場合の話です。日本居住者がドバイ不動産を購入した際には日本の税制に則って、適切な納税が必要になってきます。詳しくは税理士にご確認ください。

また、外国人への購入規制は設けられていません。

購入規制とは、新興国などで不動産価格が高騰してしまうと、不動産価格の上昇に経済成長が追い付かず、低収入の国民が住まいを確保できなくなってしまうことから行われる外国人投資家への規制です。

東南アジア諸国の大半がこの規制を設けている上、その規制の内容も国ごとに違うことから、思うように投資ができない可能性もあります。

しかし、**ドバイでは「フリーホールド」(自由土地保有権)と呼ばれるエリアの物件であれば、外国人でも土地の所有権を保有することができます。**

このように独自のメリットが多いドバイへの投資にも、デメリットはあります。

そのひとつは、国内、現地ともに銀行の不動産投資ローンの利用は難しいため、現金を用意する必要があることです。しかも、富裕層からの投資が活発化しやすく、割高な水準まで物件価格が上昇する可能性もあります。したがって、初めて海外不動産をしてみようという方には不向きだと考えます。

また、中東地域であることから、地政学的リスクや政治リスク、さらに、原油価格の変動や、観光客の増減などによって、経済の状況が変わることもありますので、注意が必要です。

●海外不動産の投資環境⑤「東南アジアのハブ『シンガポール』」

2000年代に本格化した海外不動産投資で、長く注目されてきたのが「東南アジア」です。しかし、投資対象として一括りにできないほど、各国の不動産投資に関する環境や規制に違いがあり、外国人による不動産の保有に規制が設けられている国も数多く存在します。これらは、その国の経済状況などによって急に変更される場合もありますので、注意が必要です。

まずは、ドバイと同じように、富裕層からの人気が高い「シンガポール」から説明しましょう。

シンガポールの国土は東京23区と同じ程度ととても小さく、資源にも恵まれていません。しかし、ビジネスのしやすい環境を整え、グローバル企業からの投資を呼び込むことで、高い成長を続けてきました。

1人あたりのGDP（国内総生産）を見ると、なんと日本の倍以上。シンガポールは、経済も政治も安定している世界有数の豊かな国なのです。

製造業の拠点であり、金融センターという一面も持つシンガポールでは、賃貸需要も豊富です。さらに、国土が狭いことから不動産価格は上昇し続けており、不動産投資においてキャピタルゲイン、インカムゲインともに期待できる国だとも言えるでしょう。

ただし、これはデメリットにもなり得ます。

なぜなら、売却するときのメリットである「不動産価格が上昇し続けている」ことは、投資するとき「高い価格で購入しなくてはならない」というデメリットと背中合わせだからです。

したがって、シンガポールにおける不動産投資では、高い利回りはあまり期待できません。


また、先進国でありながら、外国人への購入規制が設けられています。

たとえば、海外投資家が購入できる物件は、「コンドミニアム」と呼ばれる高額な集合住宅に限られます。コンドミニアム以外の物件も購入することは可能ですが、法務大臣から許可を得る必要があり、ハードルはかなり高いと言えるでしょう。

さらに、急激な価格上昇を懸念して、外国人が物件を購入する際に支払う印紙税を引き上げる、などの規制も強化しています。

こういった規制強化の動きも、シンガポールでの不動産投資のハードルをさらに高くしている理由です。

●海外不動産の投資環境⑥「勢いのある新興国『フィリピン』」

フィリピンは、東南アジアの中で最も勢いのある国です。

人口は世界ランキングで日本に次ぐ世界13位と急増中で、特に若年層の人口が多く、出産年齢（15歳から49歳）の女性の数も多いことから、数年後には日本の人口を抜きさり、2100年頃まで人口増加が続くと見られています。

この人口増加が経済成長にも寄与し、ここ数年で、東南アジアの中でも高い成長率となり、いずれ、フィリピンが東南アジアでトップの経済大国になるともいわれています。

現在、フィリピンの経済を支えるのは「サービス業」ですが、若い労働力が潤沢（じゅんたく）なことに加えて、公用語が「英語」であることも外国企業には魅力的に映るでしょう。今後さらに、多くの企業が投資したとしても不思議ではありません。

それを裏付けるように、首都マニラなどの都市圏には、拠点を置く企業が増えている上、ビルやショッピングモールが建ち並び、インフラも整った住みやすい街に進化しています。

そのインフラに関しては、現在、清水建設を代表企業とする共同企業体（ＪＶ）が、フィリピン初となる地下鉄、「マニラ首都圏地下鉄」の建設を進めています。

この地下鉄は、首都圏北部にあるケソン市のミンダナオ通りと、ニノイ・アキノ国際空港が位置する南部パラニャーケ市のウェスタンビクタンを結ぶ、全長33・1キロメートルに及ぶ路線です。17の駅と車両基地が整備される計画ですが、すでにその工事は、２０２１年8月から始まっており、すべてが完成すると、１時間10分かかっている移動時間を、わずか35分に短縮することができます。

現在、徐々に部分的な運行を開始し、17駅の地下鉄が完全に運行されるのは２０２5年夏になる予定です。

このように新興国では、地下鉄や高速道路、港湾、空港、鉄橋などの工事計画をはじめ、都市計画など数々のインフラ整備計画が進んでいます。たとえ長期間かかる計画であっても、完成後の経済成長への貢献度は計りしれません。

不動産制度・税制比較（東南アジア）

	マレーシア	ベトナム	タイ	フィリピン
外国人不動産保有	○（土地も可能）	○（マンションのみ）	○（マンションのみ）	○（マンションのみ）
外国人保有制限	無制限ー金額あり	全マンション面積の30%までだがほぼリース権	全マンション面積の49%までだが1戸単位は100%	全マンション面積の40%までだが1戸単位は100%
契約書	英語	ベトナム語	タイ語	英語
坪単価（高級物件）	約250万～350万円	約150万円～	約350万～700万円	約180万円～300万円
不動産上昇率	2-5%	10%	2-5%	6-10%
期待利回り	3-6%	6-8%	3%	6-8%
不動産消費税	0（6%が廃止）	10%	0	12%
譲渡税	譲渡益 長期（5%）短期（30%）	売買価格の2%	売買価格の3.3%	売買価格の6%
移住人気ランク	1位（13年連続）	ランク外	2位	4位

基礎講座③「海外不動産投資 場所・物件選びと購入方法」
出典：PropertyAccess.co
東南アジアは、土地取得ができない国が多い。移住人気が高いのも特徴だ

ですから、まずはその計画が確かなものかどうかを確認する必要があります。

もし、日本企業が参画していれば、その企業のホームページなどで詳細がリリースされているはずです。マニラ首都圏の地下鉄工事においては、日本政府が約1000億円の資金を出資しています。資産価値向上につながる可能性が高まるチャンスだととらえましょう。

このように**今後の経済発展に期待できるフィリピンですが、現状では、不動産価格がタイやマレーシア**

などと比較すると割安であり、高い利回りも期待できます。これも、新興国への不動産投資の醍醐味(だいごみ)のひとつです。

また、他の国とは違って、プレビルドの物件を分割支払いで購入することができるのも特徴です。竣工前の価格で契約し、100～200万円ほどの予約金を支払ったあと、毎月数万円の支払いで竣工を待ち、竣工時に残額を一括で支払うか、竣工前のタイミングで転売することもできます。

ただし、竣工前転売をあてにして契約してしまうと、いざ竣工のタイミングで資金が足りず、急いで売却に動かなければいけないというケースも実際に見てきたので注意が必要です。「分割払いは計画的に」ということです。

デメリットは、土地を購入できないことでしょうか。東南アジア不動産のほとんどに言えることですが、魅力たっぷりのフィリピンに関しても同じです。

詳しく説明しましょう。

フィリピンでは、フィリピン国籍を持たない外国人は、土地を購入することができません。土地を購入できるのは、公有地・私有地に関係なく、フィリピン人か、資本の60％以上がフィリピン資本である現地法人のみです。また、戸建てに関しても、同様のルールが適用されます。

では、何に投資できるのでしょうか。

フィリピンでは、外国人が購入できるのは、「コンドミニアム」や「タウンハウス」に限られます。

タウンハウスとは、マンションやアパートのような集合住宅の一種で、簡単に言うと「隣の住戸とつながっている戸建て風の住宅」のことです。その多くは、2階から3階建ての低層住宅です。

さらに、コンドミニアムやタウンハウスの土地が複数人で共同所有される場合、外国人が購入できるのは全体の40％未満と定められています。簡単に言うと、100部屋の物件があったとしたら、その100部屋のうち、外国人投資家が購入できるのは40部屋までだということです。

フィリピンのみならず、東南アジア諸国ではこういった細かな規制が定められていることが多く、国ごとに違うその内容が投資を複雑にしています。

●海外不動産の投資環境⑦「東南アジアの規制編」

ここで、他の東南アジアにおける、外国人の不動産保有に対する規制を取り上げておきましょう。

まず、「ベトナム」では、国がすべての土地を所有しています。

したがって、建物を建てるときには、その建物を所有する個人や法人は、国から「使用権」を取得する必要があります。

建物については「区分所有権」を取得することができますが、所有する「期間」や所有権の「個数」「使用方法」などについて、さまざまなルールが存在しています。

たとえば、外国人投資家が住宅を購入した場合、所有できる期間は「50年」と決められています。1回の更新は認められていますので、合計で100年は所有することができます。物件の寿命を勘案すればその長さで問題ないのかもしれませんが、残りの期間が短くなってから売却しようとしたらどうでしょうか。

所有権の「個数」については、共同所有される建物の場合、外国人が購入できるのは全体の30％未満と定められています。

簡単に言えば、１００部屋の物件があったとしたら、その１００部屋のうち、外国人投資家が購入できるのは30部屋まで、ということです。一戸建て住宅の場合は、１街区につき、２５０戸までと定められています。

「使用方法」に関しては、個人名義で購入した物件は、賃貸して家賃収入を得ることができますが、外資系企業が所有している場合は、第三者への賃貸は認められず、自社の従業員の社宅としてのみ使用することができるとしています。

このような規制が多くあるせいか、**ベトナムの不動産価格は比較的安く、利回りが高めなのも特徴**です。また、災害が少なく、経済発展も期待できることから、今後、ますます注目度が上がるかもしれません。

次は、東南アジアの中では、経済規模も大きく、人口はアメリカに次ぎ世界4位である「インドネシア」です。２０２３年現在で約２・８億人と東南アジアの中でもダントツで人口が多いことが特徴です。

インドネシアも参入障壁の高い国のひとつで、外国人投資家は土地を購入すること

はできません。また、土地の「所有権」を購入できるのはインドネシア国籍を持つ人に限定されており、法人は外国資本・内国資本に限らず所有権を取得することができません。

ただ、「使用権」は、インドネシア国民とインドネシアに本拠のある法人、インドネシアに居住する外国人およびインドネシアに駐在員事務所を持つ外国企業にも保有が認められています。

「使用権」を所有できる期間は30年間で更新すれば、合計で80年は所有することができます。

コンドミニアムなどの集合住宅を購入する場合は区分所有権が認められますが、外国人投資家が購入できる物件には、地域によって最低金額が定められています。それはイコール、高額物件にしか投資できないということです。インドネシアは魅力的な市場であることは確かですが、東南アジアの中ではもっとも外国人が投資しづらい国と言えるでしょう。

カンボジアも、外国人投資家が土地を購入できない国のひとつです。

ただ、コンドミニアムなどの集合住宅に関しては、2階より上の階の住戸には「区分所有権」が認められています。また、建物全体の70％までは外国人投資家が所有できるのも、カンボジアにおける不動産投資の特徴でしょう。

カンボジアに関しては、不動産投資に関する法規制が未熟であり、これから整備・強化されることが考えられます。購入してから変わる可能性があることを念頭に置いておきましょう。また、首都であるプノンペンは人口や経済成長率など国力の割にすでに物件価格が高くなっており、キャピタルゲインは限定的だと言われています。

●海外不動産の投資環境⑧「『マレーシア』の失敗を教訓に」

マレーシアへの不動産投資がブームになったのは、２０１０年代前半でした。当時、マレーシアの不動産視察ツアーがいくつも企画され、日本からも多くの投資家が現地に向かったのです。

なぜ、多くの投資家がマレーシアに惹きつけられたのでしょうか。

まずは、マレーシアがどんな国なのかから話しましょう。

マレーシアは、マレー半島とボルネオ島の２つの島からなる島国です。

国土は日本より少し小さいくらいで、直行便であれば日本から7～8時間で行くことができます。1年を通して気温の差がほとんどなく、25度から30度くらいの気温で快適に過ごせるのも人気になった理由のひとつでしょう。

また、少子化はじわりと進んでいるもののまだ高齢化ではなく、30代の働き盛り世代の人口が多いのも特徴です。経済成長率が高い上、治安も比較的良いため、住みやすい国のひとつです。

2010年代前半に不動産投資ブームになったのは、壮大な国家プロジェクト「イスカンダル計画」に惹かれたからです。

「イスカンダル計画」とは、シンガポールと共同で現在も実行されている巨大都市開発プロジェクトのことで、マレーシアの南端にあるジョホール州の最大都市「ジョホールバル」を開発し、発展を目指そうとするものです。

オフィスビルはもちろん、コンドミニアムや戸建てなどの住居群、大学などの教育施設、ショッピングモール、娯楽施設、医療施設などが建設される計画です。

ブームになった2010年と言えば、世界的な経済危機に発展したリーマンショックの傷跡がまだ残っていた時期です。

自国の経済に対する不安感が、壮大な計画をさらに魅力的に見せたのでしょう。世界中から投資マネーが集まり、マレーシアの不動産価格は見る見るうちに高騰していきました。

これでは、マレーシア国民も不動産を購入できません。

不動産バブルを懸念したマレーシア政府は2014年、外国人に対する投資規制を実施。外国人投資家は高額物件しか購入できなくなった上、現地の銀行の外国人投資家向けローンも通らなくなり、マレーシアへの不動産投資が一気に収束したのです。

この「イスカンダル計画」を巡ってはもうひとつ。

ジョホール州の人工島での都市開発プロジェクト「フォレストシティ」も暗礁に乗り上げているようです。

この「フォレストシティ」は、中国不動産開発の大手「碧桂園」(カントリー・ガーデン)が手掛ける巨大事業です。2035年までに70万人の居住を目指し、埋め立てで4つの人工島を造成して、住宅やオフィスビル、ショッピングモール、学校も建設する計画です。

しかし、開発を手掛ける「碧桂園」の資金繰りが悪化。

２０２３年８月、マレーシアのアンワル首相は、「フォレストシティ」内に「特別金融ゾーン」を設置して投資の誘致を促すと表明しましたが、すでにゴーストタウン化しているという話も耳にします。この計画がはたしてうまくいくのか、いまだ懸念はぬぐえません。

このように、新興国では国家が中心となり、大きな都市開発計画を打ち立てることがあります。「国家」が計画しているのであれば、安心だろう――そう思うのは当たり前です。

ただ、そう思うのはあなただけではありません。

だからこそ、一気に投資マネーが集中していくのです。

購入しようとしている不動産価格は「相場より高すぎないか」、また今後の「賃貸需要は豊富なのか」、そしてあなたにその物件を勧めているのが「信頼できる不動産エージェントなのか」に疑問を持ちましょう。

しっかり見極めてから判断しても遅くないのですから。

ポートフォリオに「海外不動産」を持つことの意味

さて、ここまでは海外不動産投資におけるメリットとデメリットについて解説してきました。

改めて、海外不動産に投資する意味を考えてみましょう。

前述したように、不動産は実物資産なのでインフレに強く、かつ、金融不安からの影響を受けにくいというメリットがあります。そのため、保有資産の一部に不動産を組み入れることによって、ポートフォリオの分散投資効果を一段と高めることができます。

ただし、不動産投資は一般的に投資金額が大きくなりがちなので、現金が必要になって何かを売却、解約しようとしても、不動産は簡単に売却できないというデメリットがあります。

したがって不動産に投資する場合は、こうしたメリットとデメリットをうまくバランスさせなくてはなりません。つまりデメリットをデメリットとして感じることなく、上手にメリットを享受できる投資法を考える必要があるということです。

不動産投資の最大のデメリットは「流動性」です。

売りたい時に売れないリスク、と言い換えても良いでしょう。

このリスクを軽減させるためには、最初から売却することを考えず、長期保有する前提で投資します。現時点において、預金の利率は極めて微々たるものですが、不動産投資で得られる利回りは、預金の利率をはるかに大きく上回ります。これを長期にわたって保有し続ければ、やがて投資した元本を回収できるくらいまでの家賃収入を得ることができます。

たとえば、モンゴル不動産投資を例に挙げると、同国の首都であるウランバートルの平均賃貸利回りは、過去10年ほどにわたって10％程度で推移していました。空室率なども考え、念のため、空室率などを高めに考慮しても年7％の利回りが実現するとしたら、どうでしょうか。

単純に単利で計算したとしても、14年も経てば投資元本を回収できるだけの家賃収入を得ることができます。元本を回収し終えれば、そこから先はすべてが利益になります。

ただし、ここで問題になるのが投資金額です。日本で収益物件に投資しようとすると、かなり大きな金額が必要になります。少なくとも1000万円未満で投資できる物件は、ほとんどないでしょう。

もちろん、地方で交通の便が悪い、築古の物件であれば、1000万円以下で投資できる物件もありますが、そういうところは借りてくれる人がなかなかおらず、空室リスクを抱え込む恐れがあります。空室ばかりでは、長期保有しても投資した元本を回収できる見込みが低くなってしまいます。

とはいえ、3000万円、4000万円もするような物件を購入してしまうと、今度は自分の保有している資産ポートフォリオの大半を、不動産が占めることになってしまいます。そうなるとポートフォリオのリスク・リターンの大半を不動産に依存することになってしまい、それではポートフォリオにとって肝心の分散投資効果が得られなくなってしまいます。

そこで取り得る方法としては主に2つ考えられます。

〈1〉日本国内の不動産よりも安く、かつ高収益が期待できる海外不動産に投資すること

〈2〉不動産を小口化した商品を購入すること

です。

海外不動産投資といっても、さまざまな国・地域の不動産があるので一概には言えませんが、日本の不動産に比べて安い価格で、かつ高利回りが期待できる物件があります。

たとえば、この後の章で説明するモンゴル不動産もそのひとつです。

東南アジアの新興国と比べるとまだ割安で、平米あたりの販売価格は都心部でも15万円ほどです。ここまで紹介してきたフィリピンやマレーシア、カンボジア、ベトナムなどはすでに平米30～50万円まで上がっている物件も見かけます。

そして、もうひとつの方法、「不動産を小口化した商品を購入すること」には、代表的なものとして、「不動産投資信託」や複数の不動産投資信託を組み入れて運用する「ファンド・オブ・ファンズ型の投資信託」、そして「不動産クラウドファンディング」があります。

これらの3つの方法について、それぞれ特徴をみていきましょう。

●小口資金で投資できる不動産投資①「不動産投資信託」

不動産小口化商品の代表格は、やはり不動産投資信託でしょう。

不動産投資信託は米国やオーストラリア、欧州、香港、シンガポールなどが代表的ですが、もちろん日本の証券市場にも上場されていて、比較的小口の資金で購入できます。ちなみに日本の不動産投資信託のことを「J-REIT」と言います。

まずは、不動産投資信託の仕組みを簡単に説明しておきましょう。

簡単に言うと、オフィスビルや商業施設、レジデンス、物流施設、介護施設、ホテルといった不動産物件を組み入れて、その家賃収入を分配金として得るというものです。そして、不動産投資信託そのものが証券取引所に上場されていて、不特定多数の投資家が売買しているので、株価と同じように不動産投資信託の投資口価格も常に変動しています。不動産投資信託に組み入れられている不動産物件が将来、値上がりする可能性が高まれば、不動産投資信託に対する買いが増えて、投資口価格が値上がりします。

このように、不動産投資信託は、組入不動産から得られる賃料をベースにした分配金に加え、投資口価格の値上がり益が期待できます。

気になる分配金の利回りは、高いもので年5％前後、低いもので年3％前後です。最近は株式投資でも、高配当利回り銘柄が人気を集めていますが、それと同じように、年5％程度の分配金利回りが得られる不動産投資信託を購入して長期間保有すれば、安定したキャッシュフローをポートフォリオにもたらすことができます。

不動産投資信託にはもうひとつ、これは特に現物の不動産投資では実現しにくいメリットがあります。

それは流動性が高いことです。

前述したように、不動産投資信託は東京証券取引所に上場され、株式と同じように不特定多数の投資家によって売買されています。そのため、現在の価格が明確であり、かつ買いたいという投資家がいれば、取引所が開いている時間内であれば、いつでも自由に売却できます。この流動性の高さが、不動産投資信託の最大のメリットといっても良いでしょう。

また、投資金額も現物の不動産に比べれば少額です。

現在、東京証券取引所に上場されている不動産投資信託の投資金額を見ると、6万円~66万円程度です。銘柄によって異なりますが、最も高額なものでも70万円弱で投資できます。ちなみに不動産投資信託は株式と同じ扱いになるので、購入するには証券会社に口座を開く必要があります。

以上、国内不動産を購入するには非常に優れた商品特性を持つ不動産投資信託ですが、欠点もあります。

まず、**海外の不動産に投資できないこと**。もともと国内不動産を対象にした商品なので、これは致し方ありません。

次に、**利回りがどうしても低めになってしまうこと**です。

不動産投資信託は「投資信託」と名乗っているものの、厳密に言えば「投資法人」という形態をとっています。これは、投資を専業とする法人のことで、不動産投資信託の場合は、不動産投資を専門に行う法人、という解釈になります。

この法人を運営していくうえで、不動産投資信託は運用会社やファンド資産の管理会社、事務管理会社などをすべて外部委託としているのですが、当然ながら外部委託する以上、コストがかかってきます。このコストがかかる分だけ直接、現物の不動産を保有する場合に比べて利回りが低下してしまうのです。

もちろん、それでも年3~6%程度の分配金利回りが得られるのであれば十分という方は、不動産投資信託で不動産投資をするという手もありますが、より高い収益を得たいという方は、また別の方法で不動産に投資する方法を考える必要があります。

●小口資金で投資できる不動産投資② 「ファンド・オブ・ファンズ型の投資信託」

小口で不動産に投資するには、ファンド・オブ・ファンズ型の投資信託を購入するという方法もあります。

ファンド・オブ・ファンズとは、複数の投資信託を組み入れて運用する投資信託のことです。通常の投資信託は、国内外の株式や債券を組み入れて運用します。これに対してファンド・オブ・ファンズは、株式や債券の代わりに、それらを組み入れて運用する複数の投資信託を組み入れて運用するのです。つまり、すでに銘柄分散されている投資信託を複数買うことで、さらなる資産分散が可能になります。

現在、このタイプの投資信託が多数、設定・運用されています。しかも、J－REITのように日本国内の不動産にしか投資できないのではなく、米国やオーストラリア、アジア、欧州など海外の不動産投資信託を組み入れたタイプもあるので、実質的に世界中の不動産に分散投資できるようになります。

なお、ファンド・オブ・ファンズ型の投資信託は、J－REITのように上場はされていないので、株式のように売買することはできません。とはいえ、解約という形によっていつでも現金化することはできるので、流動性という点では不動産投資信託と同じと考えてもらって良いでしょう。

ファンド・オブ・ファンズ型の投資信託は、不動産投資信託よりもさらに少額資金で購入できます。それこそ毎月、1万円ずつ積立投資をすることも可能なくらいです。かつ、さまざまな不動産投資信託に分散投資しているので、少額資金でも高い分散投資効果を得ることができます。特に、世界中の不動産投資信託に分散投資しているものになると、国別の分散投資効果も期待できます。

このようなメリットがある一方、注意点もあります。

まず分配金がいささか不透明です。国内の証券市場に上場されている不動産投資信託の場合、ファンドに入ってくる賃料の90％以上を分配しなければならないというルールがあります。

ところがファンド・オブ・ファンズ型の投資信託の場合、決算日ごとに分配金をいくらにするのかは、すべて運用会社の判断に委ねられています。組み入れられている不動産投資信託から、たとえば１０００円の分配金を払えるだけの収入が得られたとしても、運用会社の判断で１００円しか分配しないということも、十分に起り得るのです。

また、投資信託を選ぶ際に、最も注意しなければならないのは「繰上償還リスク」です。

繰上償還とは、運用期間中に突然、償還を決定されてしまうことです。償還されたら、その時点で投資信託は解散となり、運用資産を現金化したうえで、投資信託の保有者に返還されます。つまり、その時点で運用は中止されてしまうのです。

繰上償還は、純資産総額の少ない投資信託に起りがちです。現在、運用されているファンド・オブ・ファンズ型の投資信託の純資産総額を見ると、10億円に満たないようなものも少なくありません。**繰上償還の憂き目にあわないようにするためには、最低でも50億円程度の純資産総額を持った投資信託を選ぶようにしてください。**

●小口資金で投資できる不動産投資③「不動産クラウドファンディング」

4章で詳述しますが、不動産クラウドファンディングもお勧めです。

不動産クラウドファンディングとは、複数の出資者から出資金を募り、特定の不動産を取得して、不動産の開発による利益や賃料収入を出資金割合に応じて分配する仕組みで、一口10万円から投資できるプロジェクトもあるため、少額から取り組めることも大きな魅力です。

「本当に大丈夫か」と思われる方もいるかもしれませんが、不動産クラウドファンディングは不動産特定共同事業法によって定められています。不動産特定共同事業法とは出資額を小口化した不動産について、投資家から出資を募り、売買・賃貸などの運用を行い、その収益を投資家に分配する事業について定めた法律です。

この不動産特定共同事業には、次の2つの事業形態が挙げられます。

・任意組合型
・匿名組合型

「任意組合型」とは、投資家が出資した金額に応じた不動産の共有持分を購入し、所有する共有持分を組合に現物出資する形態です。事業者と任意組合契約を締結し、事業者は組合の代表として不動産の管理・運用を行いますが、現物出資をする形式となるため、不動産の所有権は投資家にあります。登記簿にも、投資家の名前が記載されるのが特徴です。

収益の分配金は不動産所得となるので、相続税や贈与税の節税対策として有効ですし、節税対策や、複数の物件に分散投資できるのもメリットといえます。

一方、「匿名組合型」とは、投資家が事業者と匿名組合契約を結び、組合に金銭を出資する形態のことです。その出資をもとに事業者は保有する不動産を賃貸などで運用し、収益を事業者と投資家の出資割合に応じて分配します。任意組合型と違い、投資家に所有権がなく、収益の分配金は雑所得となるので課税の対象となります。

不動産クラウドファンディングでは、この匿名組合型が一般的です。少額からの投資が可能な商品も多く、ほとんどの事業者が「優先劣後方式」（投資をした不動産に何らかのトラブルが生じて損失を被ったとき、劣後部分を保有する不動産業者側が損失を負担し、優先部分を保有する投資家のリスクを減らす仕組みのこと）を採用しているので、万が一収益減少や損失が出た場合でも、事業者が出資した割合まで先に負担しますから、投資家の元本の安全性がより高い投資方法といえます。

また、一般的に運用期間も匿名組合型の方が短く、数カ月から数年の短期運用プロジェクトが多い。対して任意組合型は数年から長いと10年ほどに及ぶプロジェクトもあるため、流動性の観点からも匿名組合型がお勧めです。ぜひ、参考にしてみてください。

このように見ていくと、小口資金でできる不動産投資も、商品によっては一長一短であることが分かります。

できるだけ高い利回りが欲しい。

でも、運用資金が何億円もあるわけではないので、できればある程度、リーズナブルな資金で投資できるものを選びたい。

恐らく、多くの人はそのようなニーズでさまざまな不動産投資の方法を探していらっしゃるのではないでしょうか。

その答えのひとつとして、私は海外不動産投資を提案したいと思います。

次章以降は、その希望を叶えられるのではないかと注目している「モンゴル不動産」について詳しく説明していきます。

プロの視点！

海外不動産投資の「メリット」「デメリット」

風戸裕樹（Property Access株式会社代表取締役）

海外不動産投資のメリットとは何か。

ひとつ目にキャピタルゲインを享受することができること、2つ目に通常投資信託には組み込まれていない成長国の不動産に分散投資（通貨分散）ができること、3つ目に世界を見据えた不動産・金融リテラシーを得ることができ、次世代が世界で戦うための教育をすることができることだ。

ひとつ目から見ていきたい。日本だけで不動産投資をしている人は知らないかもしれないが、インカムゲインをここまで重視している不動産投資家は日本人だけであるといってもいい。東南アジアの成長国に限らず、米国のような先進国への不動産投資でも、不動産の売却時の出口戦略においては、5年後の売却時価格を購入時価格の30％～50％程度上乗せした投資計画を策定する。理由は過去の金融危機の時期を除き、概ね不動産価格が毎年堅調に上昇してきているからだ。

一方、日本のようにコロナ後、ようやく不動産価格が上昇したのは単純に日本円の価値が下がったという「ボーナス」的なものでしかない。実際、日本の不動産はUBSが公表した「世界不動産バブル指数2023」によると、東京は〃バブル〃状態である。

前述のように海外不動産は不動産価格が上昇している「歴史」があるので、それを織り込んで投資予測を立てるのは当たり前ともいえる。残念ながら日本はこの先5年のGDP予測でもG7で最低であり、最弱な通貨と言われている。

2つ目の分散投資については、日本の現状を直視している人にとっては、いま実行しておかなくてはいけない課題として認識しているだろう。これから世界通貨すべてに対して円安であり続けるのは、世界のエコノミストでは一般的な見解になりつつある。日本円で給与をもらい続けるのは、単純に毎年貧乏になるということだ。

新興国の不動産を組み入れている投資信託やETF（上場投資信託）は、日本で購入することは難しいのが現実。となると、実物資産である不動産を直接購入するという選択肢しか残っていない。また実物資産であることで金融危機などが起きた時の下落幅は株価と比較して非常に低く、レジリエンス（回復）も早いのが特徴だ。

3つ目の不動産・金融リテラシーを得られるメリットは、教育と紐づいているが、これから世界の通貨を稼がなくてはいけない子供世代にとっては、日本で働き、日本で暮らすということは負け組になる可能性がある。それを現役世代の私たちが海外資産を築く方法を実践し伝えていくことは、日本の将来のための責務ではないか。このメリットは次世代のための貢献だと認識してほしい。

逆に海外不動産のデメリットについて上げると、騙されやすいこと、不動産が竣工しないこと、流動性が低いことが挙げられる。

騙されやすいことは言うまでもなく、自分が行ったことがない土地や知らない都市でさえ不動産を購入することになるため、法制度・税制度・慣習を知らないことになる。実際は不動産の権利書がもらえない物件を、あたかももらえるかのように販売する悪意のある業者もいるし、日本にオフィスがなく現地に住んでいるだけのブローカーは、いとも簡単に行方（ゆくえ）をくらますことも頻繁にあるので注意が必要だ。

不動産が竣工しない、というのも日本では考えられないことだが、特に新興国ではあり得る。そのため、手付金を支払ったのに工事が途中で止まってしまい、引き渡しがされない、さらに支払い済の金員が返金されないこともある。最悪のケースは、開発会社が別のプロジェクトに資金を充当していたりという、日本では考えられないことも起こり得る。そのため開発している会社がどこか、実績はどうなのかを、しっかり確認しなくてはいけない。

最後に流動性が低いことが挙げられる。これは物件の引き渡しを受けて、いざ賃借人を見つけることになっても、なかなか賃借人が見つからない、さらには売却しようとしたときに、なかなか買い手が見つからないことがある。これは日本のレインズ（国土交通省から指定を受けた不動産流通機構が運営しているコンピューターネットワークシステム）のように中古不動産の情報流通システムが存在しない国がほとんどであり、情報が他の不動産ブローカーに行き渡らないこと、ポータルサイトが存在しないことで世界の購入検討者が売却情報にアクセスできないということがある。すべてに一定の時間がかかることは許容しておかなくてはいけない。

かざと　ひろき
1981年生まれ。海外移住、不動産投資を始めとした情報提供とコンサルティング会社、Property Access株式会社代表取締役。

3章

モンゴル経済の未来は明るい！

ドラマを通じて、モンゴルに興味ある人たちが増加中

「バルカ共和国」を舞台に繰り広げられたあのドラマを、皆さんもご覧になりましたか？

果てしなく広がる草原と荒々しい砂漠、そしてモンゴル語が飛び交う衝撃の展開に、毎週日曜日の夜9時が待ち遠しかったという方は私だけではないでしょう。見ごたえある名優たちの演技はもちろん、撮影されたモンゴルのスケール感もまた、あのドラマには欠かすことのできない重要な要素だったと感じています。

ＪＥＴＲＯ（日本貿易振興機構）によりますと、モンゴル政府は、新型コロナウイルス感染症拡大後の観光業を復興するため、年間１００万人の旅行者受け入れを目指しており、**2023年から2025年を「モンゴル訪問の年（Welcome to Mongolia）」として、観光業振興のためにさまざまな施策を行っています。**

あのドラマの最終話が放送された２０２３年9月、モンゴルのチンバト・ノミン文化相は「日本のテレビドラマの一部がダルハン市で2カ月間撮影された。このドラマ

モンゴルってどんな国？

国　名	モンゴル国
面　積	156万4,100平方キロメートル
人　口	345万7,548人（2022年末現在、国家統計局）
首　都	ウランバートル（169万1766人）（2022年末現在、国家統計局）
民　族	モンゴル人（全体の95%）およびカザフ人など
言　語	モンゴル語（公用語）、カザフ語
宗　教	チベット仏教等（1992年2月施行の新憲法は信教の自由を保障）
通　貨	トゥグルグ（100トゥグルグ=約4.19円） ※2023年9月1日現在
主要産業	鉱業、牧畜業、流通業、軽工業

出典：2023JETRO

はモンゴル国内での撮影中、計6000億トゥグルグ（約240億円、1トゥグルグ＝約0・04円）の経済効果を生み出した。これはモンゴルのコンテンツ産業発展の可能性を示している。文化省は地方自治体と協力し、ダルハンでの映画撮影環境を整備し、国内外の観光客の注目を集める文化的空間の創造に取り組む」と話しました。

日本で話題になったドラマが国境を越えて、モンゴルにも240億円という大きな経済効果をもたらしただけでなく、モンゴル自身が自国の持つ価値に気づき、その価値向上のための新しい一歩を踏み出すきっかけになったようにも思えます。

それは、ドラマがモンゴルでも放送されて評判になったことも大きかったのでしょう。なにしろ、ドラマを撮影した道路が「ＶＩＶＡＮＴ通り」に改名されたほどですから。

今後、日本からの観光客がますます増加し、企業などもさらに投資を進めることが予想され、間違いなく、日本とモンゴルのつながりはさらに強くなるでしょう。

それでは、そんなモンゴルの可能性を見ていきましょう。

まずは、モンゴル人民共和国の歴史を知ろう

モンゴルでは昔から、騎馬民族がさまざまな覇権を争ってきました。

その歴史の中で最も知られている人物が「チンギス・ハーン」です。たぐいまれな統率力を持つチンギス・ハーンは積極的な征服戦争をしかけ、国土を拡大していきました。モンゴル帝国の最盛期には、欧州から中国までの全世界の5分の1を支配したとも言われています。

ただ、モンゴル帝国は、傘下に入った国々をゆるく結ぶだけで、モンゴルの文化を押しつけることはしませんでした。だからこそ、欧州や中国、ミャンマー、アフガニスタンなど、それぞれの地域がそれぞれ独自の文化を持ち、発展をとげていったのです。その一方で、内紛も相次ぎ、モンゴル帝国は解体。モンゴル部族はモンゴル高原に戻り、中国を支配した王朝とかかわりを保ちながら草原を支配し続けました。

その中国から完全に独立したのは、チンギス・ハーンが活躍してから700年経った1924年。世界で2番目の社会主義国家「モンゴル人民共和国」の誕生です。首都の「ウランバートル」はモンゴル語で「赤い英雄」を意味し、独立運動を主導した「スフバートル」氏を称えるために改名されたそうです。

しかし、今度はロシアの影響下に。

その後、モンゴルが一院制議会主義と大統領直接選挙を採り入れ、民主国家「モンゴル国」となったのは1992年のこと。**モンゴルは非常に長い歴史を持ちながらも、法治国家としてはまだまだ若い国なのです。**

さて、日本とのつながりは、1200年代後半から始まりました。

まず１２７４年、元軍が９００の船隊に3万人以上の兵を乗せて日本に襲来。その7年後に再び、３５００の船隊に約10万人の兵を乗せて攻め込みましたが、なぜか二度とも「神風」と呼ばれた暴風雨が元軍を追い払い、日本は事なきを得たと伝わっています。

そして１９７２年、日本はモンゴル人民共和国（当時）と外交関係を樹立。

モンゴルが民主化・市場経済化して以降は、モンゴルの改革努力を一貫して支援することで、二国の関係は飛躍的に発展し、高い親日感情と地域のパートナーとしての信頼関係を確立しました。

日本の外務省は現在、「モンゴルは日本にとって普遍的価値を共有する地域の重要なパートナー」と位置付けています。

モンゴル力士が、さらにモンゴルを親日へ

日本との関係が深いと言えば、やはり「相撲」ですよね。

両国の国技が同じ「相撲」だということもありますが、実は、モンゴルチームが初

めてオリンピックに参加したのは１９６４年の東京オリンピックであり、モンゴルの代表団が来日してから両国間でスポーツ交流が始まりました。

日本の大相撲でも朝青龍を筆頭に、白鵬、日馬富士、旭天鵬、鶴竜、照ノ富士、玉鷲、逸ノ城、霧馬、豊昇龍などが活躍、その名を挙げたらきりがないほどです。

強さの秘密を考えてみましょう。

モンゴルには現代でも、伝統的な住居である「ゲル」で移動しながら暮らす遊牧民が数多く存在しています。子供の頃から長距離を移動したり、馬や牛と生活したりしていますから、その暮らしの中で足腰が鍛えられているのかもしれません。

そういえば、**モンゴルでは相撲のことを「ブフ」と呼ぶのですが、このブフには「忍耐力」「耐えぬく力」という意味がある**と聞きました。これは、土俵が日本の相撲のように決められたサイズではなく、観客のつくる大きな輪の中で、お互いが組み合ってどちらかが地面に体の一部を付けたときのみ勝敗が決定するという対戦スタイルからもくるのでしょう。

粘り強く、耐えながらチャンスを待ち、一気に攻めていく――日本でも優勝を重ねたあの力士たちのような強さが、ブフで戦う姿と重なるような気がします。

モンゴルでは年1回、革命記念日の7月11日からの3日間で「ナーダム」という国家主催の祭典が行われ、国民は仕事を休んでブフや競馬、弓射の3つの競技を観戦します。みんなこの祭典を心待ちにしているのでしょう。3日間のお祭りの期間だけでなく、それをはさんだ1週間はもう国全体がお祭りムード。文字通り、モンゴル民族をあげて楽しむ祭典なのです。この期間は仕事もほとんど止まってしまうので、はじめ、ナーダムの文化を知らなかった私はビックリしました。

このナーダムでもっとも盛り上がるのがブフです。全国から集結した数百人の強者たちが国民を前に手に汗握る勝負を繰り広げます。

ブフで強い者は民族の誇りであり、国民的英雄です。モンゴル人はゲルで一緒に暮らしてきた文化もあって、家族をとても大切にする民族ですから、勝って親孝行したいと願う気持ちが力士たちをさらに強くしているのは間違いありません。

日本で活躍した力士たちもみな英雄として故郷に帰り、その後、祖国の発展に力を尽くしています。

たとえば、朝青龍は実業家となり、銀行や不動産会社、観光ビジネスなどを手掛け

モンゴルのチンギス・ハーン国際空港。空港には日本車が数多く見られた（画像提供：筆者）

る会社を経営しています。白鵬（現、宮城野親方）もトヨタ車を扱うディーラーを含めて多事業を経営。日馬富士は、小学校から高校まで12年間一貫教育を行う学校を建設し、子供たちの教育に尽力しています。

日本で活躍した彼らが故郷の発展に貢献していることも影響しているのか、モンゴルでは「Ｍａｄｅ ｉｎ ＪＡＰＡＮ」は憧れのブランドです。街を走る車はトヨタや日産などの日本車ばかりですし、牛丼の吉野家や１００円ショップのダイソー、キャンドゥなどの店舗が並び、ホテルだと東横インも見かけます。

とある飲食店でカクテルにつけられていた名前が「オダイバ」「シブヤ」「ハンゾウモン」だったのには笑えましたが。

また、直近では２０２３年11月にインターネット関連事業大手のＧＭＯインターネットグループがウランバートル市との間で、都市のデジタル化の基本合意を締結したことを発表しました。

さかのぼると、当時、ＨＩＳ創業者の澤田秀雄氏が代表取締役を務めていたエイチ・エス証券（現ＨＳホールディングス）が２００３年、モンゴル最大の商業銀行ハーン銀行を国際競争入札で買収しました。その買収金額は当時8億円だったそうですが、いまやモンゴル国内に５００店舗を超える支店ネットワークを持ち、売上も23年3月期12月期決算で８００億円を超え、ＨＳホールディングスの稼ぎ頭に成長しました。そして、２０２３年4月にはモンゴル証券取引所に上場も果たしています。

２０２２年、ＨＳホールディングスの新オーナーになった服部純市氏は、メディアのインタビューで「モンゴルでの鉱物資源開発に力を注ぐ。まず手がけるのは蛍石（ほたるいし）（フローライト）だ」と、答えています。フローライトといえば、あのドラマでも聞いた電気自動車（ＥＶ）用電池部材にも使われる鉱物ですよね。

現在、日本のみならず、世界各地の国や企業がモンゴルに対する投資を徐々に増加し、ビジネスにつなげようとしているのです。

世界からの投資の現状を知ろう

世界からのモンゴルへの投資が増加し始めていますが、実際に、その投資金額を数字で確認してみましょう。

まず、２０２３年３月末（累計）の対内直接投資額は、２８９億米ドル（１ドル１４０円で円換算すると４兆５０００億円）となり、２０１１年の49・９億米ドル（６９８６億円）に比べると、12年間で５・８倍に増加しています。

これを主要国・地域別で見ると、オランダ、中国、シンガポール、香港、ルクセンブルクの５カ国・地域からの直接投資が２３２億ドルで全体の80・３％を占めました。ちなみに、日本からの直接投資額は第６位と上位ではありますが、金額自体は９億７４４９万米ドル（１３６５億円）と、それほど多くはありません。

実は、モンゴルでは一時、海外からの投資が大幅に減少したことがありました。

これは、中国経済の低迷や資源価格の下落が背景だとされていますが、実際は政治が不安定になった裏で外国からの投資を規制する法律が成立し、それに嫌気を差した海外の投資家が投資資金を回収したことが主因です。

モンゴルではこれまで、政権が変わるたびに資源開発に関する法律が変わることがたびたびありました。

投資が激減した当時も、資源の利権にかかわる汚職事件が頻繁に報道され、与党と野党の入れ替わりが激しくなるとともに法律も二転三転。日本企業を含む世界各国の企業とモンゴル政府との間でトラブルに直面する事案が相次ぎ、それを嫌った投資家が資金を回収したことで、モンゴル経済は危機に陥りました。

その後、モンゴルはＩＭＦ（国際通貨基金）や世界銀行、アジア開発銀行、中国、日本、韓国などの支援を受けて経済回復に努めたことで、世界からの投資も再び増加に転じています。

では次に、投資した企業数を見てみましょう。

同じく2023年3月時点（累計）での主要国・地域別の直接投資企業数は、合計9157社で、このうち、中国が4954社と全体の54％を占めて最多。次いで韓国の1483社、日本408社、ロシア400社、英国220社、シンガポール207社、米国177社の順となっています。

どのような業種の企業が進出しているのでしょうか。

モンゴル経済開発省によりますと、2023年3月現在で、直接投資企業9157社を主要業種別に集計すると、卸売・小売・修理が全体の約6割を占めます。そのうち、日本からの投資分野は通信や銀行、製造、鉱業、鉱山機械・建設機械の販売、建設やエネルギーなど多岐にわたりますが、企業数では貿易・外食業、観光業が多いようです。

モンゴルの経済構成を知ろう

モンゴルは、隣国である中国とロシア、このふたつの大国とバランスの取れた関係を保ちながら、この両隣国に依存することなく、他の国々との関係を強化しながら経済発展を目指したいと考えています。

しかし、現実のモンゴル経済は中国とロシア、このふたつの大国に大いに依存しています。

2022年の貿易のデータを見ると、モンゴルの輸出相手国のトップは中国で、その金額は輸出全体の84・3%を占めており、他を圧倒しています。続いて、スイスの8・2%、シンガポール2・8%、韓国2・2%、ロシア0・7%と続きます。日本への輸出は第8位の0・1%と、その比率は高くありません。

輸出している主な製品は、石炭や銅精鉱、鉄鉱石、亜鉛などの「鉱物製品」が全体の84・1%と最も多く、「織物・繊維製品」9・1%、「貴金属・宝石」3・9%と続きます。このうち、最も輸出額の大きい「石炭」はそのほとんどが製鉄用コークスの原料となるもので、6割近くを中国に輸出しています。

輸出の8割超が「中国」という状況が続くなら、それはもう中国次第。

中国の経済が拡大もしくは安定している時期はいいですが、もし、中国経済が後退すれば輸出がストップしますから、外貨が獲得できないモンゴルの経済は間違いなく大きな影響を受けてしまいます。

モンゴルがさらなる経済発展を実現するためには、この中国依存を脱却することが最優先課題です。

一方、輸入相手国は輸出に比べて分散しているものの、金額が最も大きい輸入最大国は中国で、そのシェアは35・3％。続いて2位のロシアが30・0％、日本が3位で7・7％、韓国4・9％、米国3・1％、ドイツ2・1％と続きます。

輸入している製品は、「鉱物製品」が全体の22・5％、「自動車、航空機、船舶および部品」19・5％、「機械、電気機器、テレビ、ビデオ」14・5％と続きます。内訳を見ると、前年から輸入数量が大きく伸びているのが「ガソリン」と「乗用車」でともに18・8％増、次の「電力」が前年比15・6％増となり、モンゴルの近代化が進んでいることがわかります。

ちなみに、ロシアには石油などエネルギーの輸入の大半を依存しているため、これが絶たれたらモンゴルの産業や国民の生活にも大きな影響は避けられません。エネルギーの輸入先も分散を図る必要がありそうです。

モンゴルの産業構造を知ろう

●モンゴルの産業構造①「鉱産物」

前述したように、モンゴルの最大の産業は「鉱産物」です。

モンゴルは中央アジア有数の資源国であり、銅や金、石炭の大規模な鉱山が複数あるほか、銀、鉄、タングステン、ウラニウム、蛍石などのさまざまなレアアース（希土類）や重要鉱物が採掘されます。しかも、いまだその全体像が見えないほどの埋蔵量を抱えているとのことです。

レアアースは、テレビやパソコン、スマートフォンなどに使われるほか、ますます生産が本格化するEV車にも必要な金属ですが、産出量が少なく、需要に対して安定的な供給が難しい金属でもあります。

2023年8月、モンゴルの首相は、モンゴルに埋蔵されているレアアースの開発で米国と連携を強化する方針を示しました。また、**「モンゴルと米国は同6月にレア**

アースや重要鉱物に関する覚書を締結済みで、協力関係を一段と強めたい考えだ」ともも報じられています（『ロイター』2023年8月4日付）。

レアアースの世界最大の鉱床を持つのは、中国です。

しかし、中国政府がレアアースの輸出規制を打ち出しており、米国をはじめ多くの国の企業は、EV車やミサイルなどを製造するために欠かせない重要鉱物の確保に苦労しています。

そこで、米国や韓国などはモンゴルとの距離を縮めて採掘に協力し、レアアースなどの重要鉱物を確保しようと動き出しています。モンゴル政府が外交的にこれらの国との関係をうまくコントロールすることができれば、「鉱産物」はより強力な経済基盤になるのではないでしょうか。

●モンゴルの産業構造②「畜産業」

鉱産物に続く産業が「畜産業」です。

モンゴルでは、放牧地が国土の7割を占めているため、昔からこの「畜産業」が産業の中心でした。自分たちの暮らしに必要な食肉や乳製品を確保しながら、カシミアなどの重要な輸出品を生み出しているのが大きな特徴です。

現在の「畜産業」のスタイルはその「伝統的な遊牧」に加えて、「近代的な定住型」も存在していますが、それでも大半が「遊牧」。羊やヤギ、牛、馬、ラクダを併飼し、年に4回から5回ほどの移動を繰り返しながら、羊肉やカシミア、羊毛、ラクダ・馬の毛、皮革などを販売して現金収入を得るという生活を送っています。

ちなみに「近代的な定住型」は、まだ少数であるものの、ウランバートルの住民に向けて、畜産物を供給するために小規模な牧場経営を行っています。

●モンゴルの産業構造③「観光立国への可能性」

モンゴルの第3の産業として注目されているのが「観光業」です。

実はモンゴルでは、社会主義時代は観光客の受け入れを制限していました。しかし、民主化されて以降、多くの観光客が訪れるようになり、政府は観光業を基幹産業のひとつに育てるため、効果的なマーケティングを行いながら、他の国・地域から観光客を呼び込む施策を行ってきました。

その結果、2023年の観光客数は65万人超え。

これは、新型コロナウイルス感染症が拡大する前の２０１９年の観光客数57万７３００人を超えて過去最高の数字を更新したことになります。

さらに現在、モンゴル政府は、長期的に観光客数を２００万人に増やす目標を掲げています。

主要国の航空会社も直行便や増便を予定しており、たとえばユナイテッド航空は、２０２４年から、ニューヨークのジョン・Ｆ・ケネディ国際空港からウランバートルの「チンギス・ハーン国際空港」への直行便を運航する予定です。また、ＪＡＬは２０２３年７月に運行を開始した成田からの直行便に加えて、２０２４年からは大阪国際空港からも直行便の運航を検討しているとしています。

このように主要国が直行便や増便を増やそうとしているのは、観光だけでなくビジネス目的の意味合いも強いと思いますが、海外からの旅行客が来ればお金が動き、雇用も創出することができます。モンゴル経済への恩恵は小さくないと考えています。

さて、コロナ禍前の２０１９年の観光客の内訳も見ておきましょう。

最も多かった中国人が全体の29％、次いでロシアの25％、韓国の17％と続き、観光業でも中国とロシアに依存していました。しかし、米国をはじめ日本などからの直行便が増えれば、この構図を変えることもできるでしょう。

ちなみに、２０１９年の日本からの観光客は2万４４１９人と少なめですが、ドラマ効果もあって今後モンゴルへの観光客は増えるのではないでしょうか。

ここで少しだけ、モンゴルの観光スポットも紹介します。

牧草地やゲルのイメージが強いモンゴルですが、有名な観光地が数多く存在しています。

まず、首都ウランバートルの中心にある「チンギス・ハーン広場」（通称スフバートル広場）には、モンゴルの国会議事堂の役割を果たす政府宮殿や中央郵便局、労働組合などが並び、世界最大の帝国「元（げん）」の始祖であるチンギス・ハーンの像が置かれているなど、モンゴルを象徴するスポットからショッピングまで、さまざまな観光を楽しむことができます。

私のお勧めスポットは「テレルジ国立公園」です。この国立公園は、ウランバートルの中心地から北東に70キロメートルほどの場所にあります。

高山地帯で、山々に囲まれた自然豊かな場所で、さまざまな高山植物を見ることができる上、観光客向けのツーリストキャンプも用意されていることから、ゲルなどを使うモンゴルの伝統的な生活を体験することもできます。ただし、こういった観光地のゲルはホテル並みの環境が整えられていて、冷暖房も完備。日本でここ数年、話題

ほかにもウランバートル市郊外にあるチンギス・ハーン像テーマパークのチンギス・ハーン騎馬像も見所のひとつ。実に40メートルもある(画像提供:筆者)

になっているグランピングのような施設となっています。機会があればぜひ足を運んでみてください。

日本は、モンゴルの最大の支援国だ

日本は長きにわたってモンゴル経済を支援してきました。

１９７７年に日本政府によるモンゴルに対するＯＤＡ（政府開発援助）が締結されて以降、発電所や通信設備、食肉・乳製品加工施設、60校近い学校や病院を建設するなど、モンゴル国民の生活に必要なインフラ整備を行ってきました。

モンゴルの基幹産業であるカシミアもそのひとつです。

日本が生産工場の設計から製造のノウハウなどすべてを無償提供し、世界水準のカシミア製品を生産できるようになりました。このＯＤＡで立ち上げたカシミアメーカー「ＧＯＢＩ（ゴビ）」は、現在は民営化され、日本にも羽田空港第1旅客ターミナル内に店舗があるほか、ＥＣでもその製品を購入することができます（https://haneda-shopping.jp/gobi/）。

さらに、**国内外からの玄関口として、経済発展への重要な役割を果たしている「チンギス・ハーン国際空港」も、日本の総力を挙げてつくられた施設のひとつ**です。

円借款（しゃっかん）の供与を通じて、建設工事からターミナル施設のテナント運営、顧客サービスなど、空港運営に必要な幅広い分野において支援したほか、運営についても、モンゴルの空港事業としては初めて民間企業に委託され、三菱商事や成田国際空港、羽田空港のターミナルビル運営を担う日本空港ビルデング、日本航空関連会社であるJALUXによる日本企業連合（出資比率51％）と、モンゴル国営企業が出資参画する企業（出資比率49％）が運営しています。まさに〝オールジャパン〟で臨むということです。

旧空港ではできなかった大型旅客機や貨物機の離着陸も可能な構造となっており、経済成長とあわせて旅客数や貨物量、航空便が増加したとしても対応することができるそうです。

その他、首都ウランバートルへの急速な人口一極集中に伴う大気汚染や交通渋滞などの都市問題を解消する技術指導なども行っており、２０２２年3月末時点の無償資金協力は１２５４億円、円借款１８２９億円、技術協力５８４億円と、総額で３６７0億円近い支援です。

最後にもうひとつ。

日本がODAでモンゴルに架けた橋の名は「太陽橋」と名付けられています。

この橋は、モンゴル最大の鋼鉄製の橋梁であり、鉄道で分断されていた南北の市民の生活をつなぐ重要な橋です。実は、この橋の名はモンゴル語で日本を指す「太陽（ｎａｒ）」。日本への感謝の想いが込められているように感じられます。

草原にいてもスマホを片手に

モンゴルは、日本の4倍（１５６万４１００平方キロメートル）ほどの国土に、日本の人口の約36分の1にあたる約３４５万人（２０２２年・モンゴル国家統計局）が住む、世界で一番「人口密度の低い国」です。

大草原の中にたったひとつのゲルしかなく、あたりを見わたしても、そこにいるのは自分と遊牧民のご家族、家畜だけ、なんてことは当たり前にある光景です。

しかし、近年ではその状況が変わってきました。

民主化・市場経済化の流れや、数年に一度起こる深刻な雪害などにより、地方から首都ウランバートルに人々が流入し、都市人口が急速に増加しているのです。

そもそもモンゴルでは、1992年に「人々は自由に居住地を選択できる」と土地私有化法で定められ、人口移動が自由化されています。また、2003年に施行された土地所有法で一世帯あたり最大700平方メートルの土地が配分されることになりました。さらに、2008年には土地所有法が改正され、すべてのモンゴル国民の個人に対して、最大700平方メートルの土地が追加配分されることになりました。

そのため、1998年に65万人だったウランバートルの人口は、2022年には約169万人（モンゴル国家統計局）へと増え、いまや国全体の人口の約半数が住むようになりました。

ウランバートルには「ゲル地区」があります。

これは、山の斜面などに、ゲルが無秩序に並ぶ場所です。毎年数万人ずつ移住してくる人たちの多くは、その「ゲル地区」にゲルを建てて生活するため、ウランバートルの人口の約6割がこの地区に住んでいるとされています。

しかし、都市型の暮らし方とゲルでの生活の仕方が大きく違うことで、さまざまな問題が生じました。

まず、「ゲル地区」には電気が供給されているものの、道路はもちろん上下水道などのインフラはほとんど整備されていません。水は給水所から購入するのだとか。また、汚水も処理されないままに排水されるため、土壌や水質汚染は大きな問題です。

さらにマイナス30度まで気温が下がるモンゴルの冬には暖房器具の使用が不可欠ですが、ゲル地区では暖房の多くを石炭ストーブに頼っていることから、周囲には煙が立ち上り、ひどいときには視界もさえぎられるほどです。この排煙による大気汚染も年々深刻化しています。

余談ですが、**モンゴルでは近年、スマートフォンの普及が進んでいます。**

その普及率は100％を超えているという分析もあるほどです。ゲル地区では電気が供給されている一方、電線のない草原では電力が供給されないことから、ゲルに設置する「独立小型太陽光発電システム」が普及しているそうです。豊富な日射量を活用して自家発電し、草原にいてもテレビを見たり、スマホを利用したりしています。

モンゴルではフェイスブックを利用する人も多く、全人口の81％が利用していると言います。これは、フェイスブックが誕生した米国（69％）、日本（70％）よりも高い水準です。

ゲルでの暮らしぶりはアナログそのものに見えるかもしれませんが、実は、デジタル化が進んでおり、ウランバートルにある小売店や飲食店ではＱＲコード決済が当然のように使えますし、草原で乗馬やラクダに乗るというアクティビティですら料金はピピっとＱＲ決済。キャッシュはほぼ使いません。

ちなみに、一般的なゲルの大きさは直径5メートル前後で、床板を除くと、その重量は３００キロほどですが、遊牧民なら1時間から2時間あれば組み立てられるとのことです。

目玉計画「ウランバートルマスタープラン２０３０」

さて、話をゲル地区の課題に戻しましょう。

ゲル地区に発生しているいくつもの課題を解決するためには、住民の協力が不可欠です。

そこで、住民が一体となり、国民全員が快適に暮らせるための都市開発プランを、日本のＪＩＣＡ（独立行政法人国際協力機構）の協力を受けてつくり上げました。これが**「ウランバートルマスタープラン」**であり、２０１３年に国会で承認された後、２０３０年に向けて実施されています。

そのプランの内容を見てみましょう。

まず、**マスタープランの目標は、「持続可能な都市の実現」「市民の生活の質向上」「経済の発展」**、この３つです。

それらを実現するための最大の目玉は、ゲル地区の「アパート化」であり、２０３０年には現在の2倍にあたる20万戸に増やすことを計画しています。

もともと、ウランバートルでは、第二次世界大戦後にアパート化がスタートし、その後、社会主義時代に策定された都市計画でもゲル地区のアパート化が提唱されました。しかし、政権が変わったり、経済が停滞したりしたことで計画を達成することができず、住宅が不足してゲル地区が拡大したという問題を引き起こしたという側面もあります。

そこで今回は、住民から吸い上げた意見を活かしながら、２０３０年までにゲル地区をアパートに置き換え、各世帯が所有している土地と引き換えに、アパートの部屋に住むことができるという計画です。住民が一体となってつくり上げたということが、計画を達成する上で、欠かすことのできない重要な要素だったわけです。

すでに、上下水道や暖房が完備された新しいアパート群には住民の移住が進められています。しかし、それでも住宅の数がまったく足りていない上、２０２２年のウランバートルの人口１６９万人が、２０３０年には２２０万人に達すると見られており、この建設のペースでは目標の２０３０年までに計画を完了できるか、大いに疑問に感じます。


また、「ウランバートルマスタープラン」には、ゲル地区の再開発のほかにも、総合医療施設の充実、ごみ処理やリサイクルの推進、公共交通機関のサービス充実など、幅広く都市化のための計画が盛り込まれています。

調べてみると、ウランバートルと同じくらいの人口を抱える札幌市の実施計画を参考にしながら、同じ寒冷地である旭川市とも技術交流がなされているとのことです。日本の都市づくりの技術が、モンゴルの方々の暮らしを安全で快適にできることはとても誇らしく、嬉しいことであり、以前の計画のように未完了で終わらせないよう、最後まで力を貸し続けることが重要だと考えています。

2045年に「人口ボーナス期」のピークを迎える

モンゴルの人口が、日本の約36分の1にあたる約345万人だということは、前に説明しました。UNFPA（国連人口基金）が2023年に発表した世界人口白書によると、モンゴルの世界人口ランキングは196カ国中132位と、決して多い方ではありません。

しかし、年代別・男女別の人口ピラミッドを見ると、0〜4歳の幼年期の人口が最も多く、次いで5〜9歳の幼児期が多いという、多少の凸凹はあるもののピラミッドが上に行くほど減少するという理想的な形を描いています。現在の平均年齢は28歳と非常に若く、34歳以下の若者が全人口の約6割を占めているのも大きな特徴です。

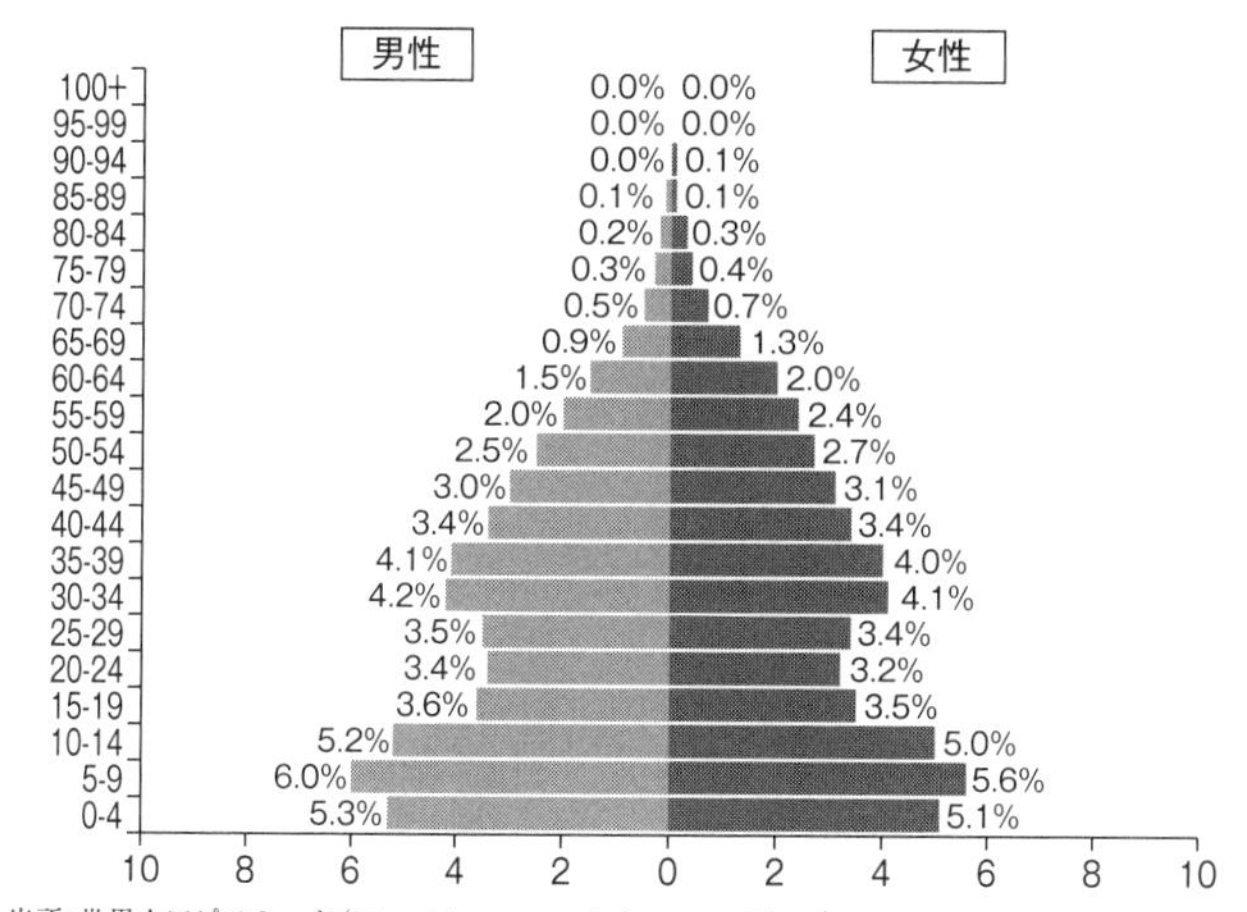

出所：世界人口ピラミッド(https://www.populationpyramid.net)

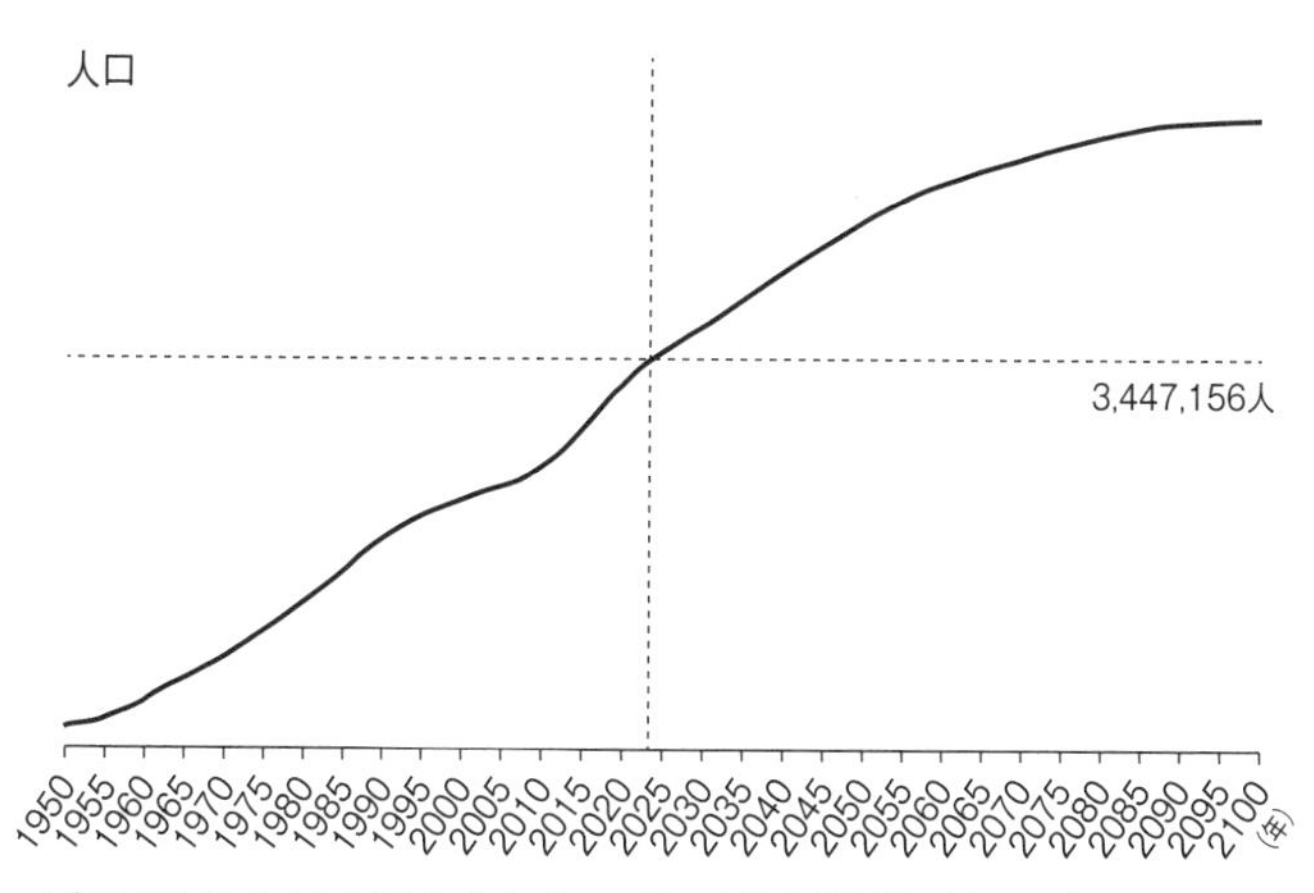

0〜4歳の幼年期の人口が最も多く、次いで5〜9歳の幼児期が多い。ピラミッドが上に行くほど減少するという理想形を描いている

経済の高成長に欠かせないのが、「人口ボーナス期」です。

この人口ボーナス期は、簡単に言えば、生産年齢（15歳以上65歳未満）の人口が、他の人口比率を大きく上回る期間のことで、生産に携わる人口が多く、経済成長につながるとされています。同時に、高齢者の比率が低く、医療費などの社会保障費なども抑制されることで、それもまた経済にはプラスに働きます。ちなみに日本では、高度成長期直前の１９５０年からバブル期終盤の１９９０年までが人口ボーナス期にあたり、大きな経済成長を遂げることができました。

モンゴルではこの「人口ボーナス期」のピークが２０４５年頃になると見られ、また、全体の人口も毎年10万人ずつ増加し、２０５０年には５４０万人になることが見込まれています。少なくとも今後20数年という長期間において、経済成長が続くと期待されています。

ちなみに、２０２３年のモンゴルの経済成長率は５・３％と、コロナ禍以降２年連続で５％台の高成長を続けています。また、１人あたりのＧＤＰを見ると５０４６ド

モンゴルの人口ピラミッド(2050年)

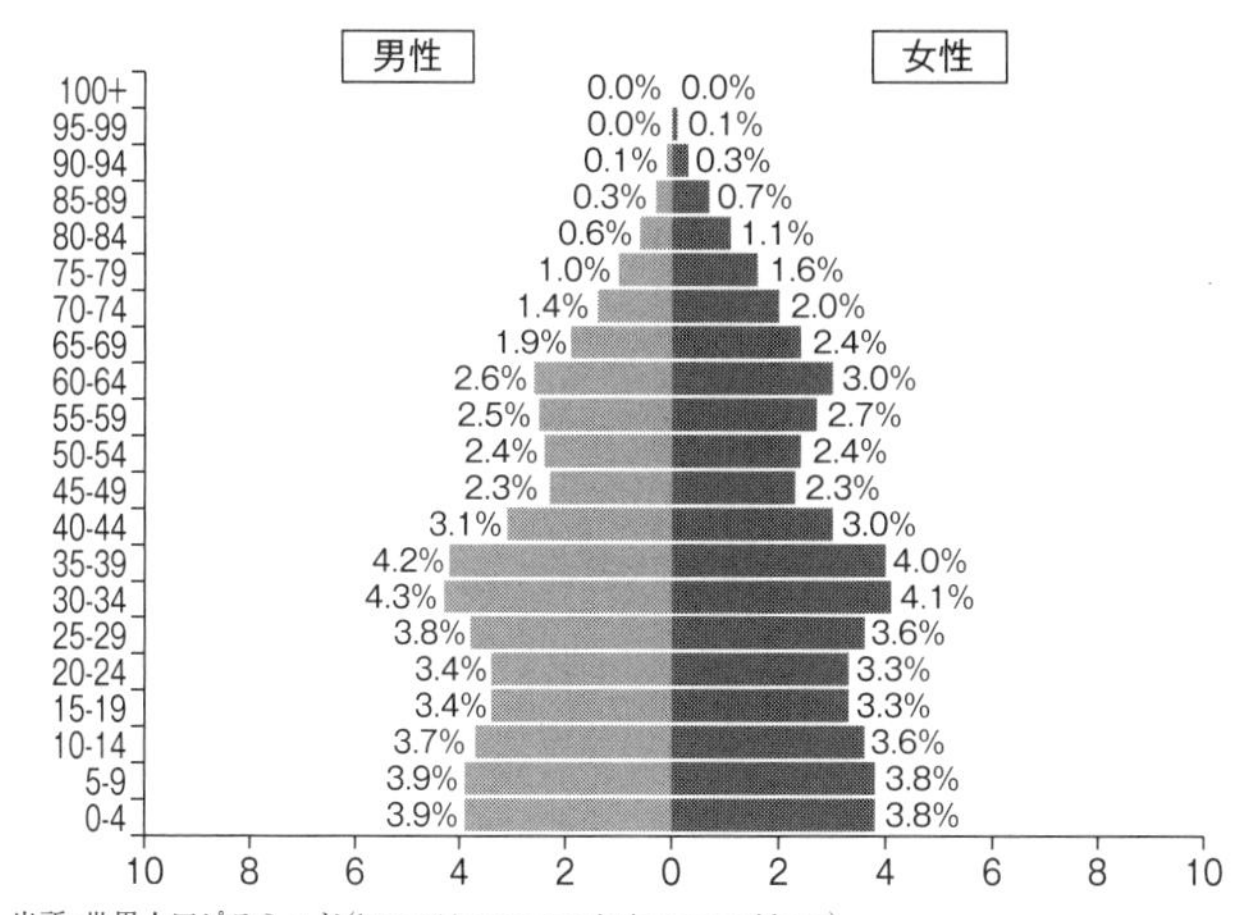

出所:世界人口ピラミッド(https://www.populationpyramid.net)

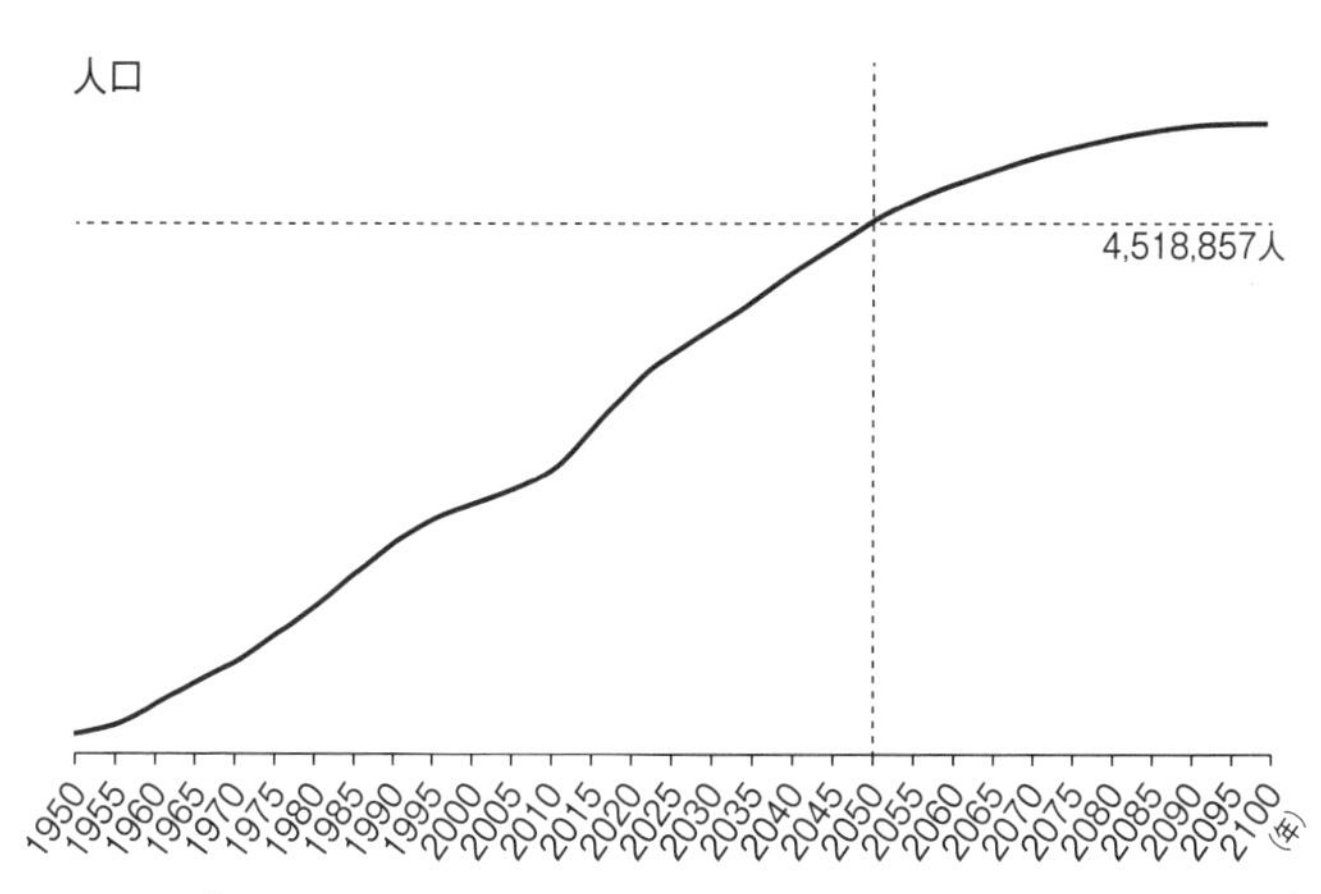

モンゴルでは「人口ボーナス期」のピークが2045年頃、全体の人口が毎年10万人ずつ増加し、2050年には540万人と予測されている

ルと、東南アジアで勢いのあるインドネシアの４７８８ドル、ベトナムの４３１６ドル、フィリピンの３６２３ドルを上回る成長を見せています。

ビジョン２０５０に向けて

モンゴルは広大な国土と豊富な資源に恵まれた国です。

「人口ボーナス期」を迎え、これからの経済発展も期待されています。

しかし、前述した通り、民主化・市場経済化してからまだ30数年と若い国であるがゆえに多くの課題を抱えています。

それら課題を解決しながら、同時に国民がともに働き、収入を得て豊かになっていく国づくりを進めなければ、持続的な経済成長は実現しません。

そこで、モンゴルでは官僚や研究者など１５００人以上が参加し、長期開発政策のロードマップ**「長期ビジョン２０５０」**を策定しました。

これは、国民に安定した雇用と収入を確保できる経済成長を柱に、１人あたりのＧＤＰを２０３０年に１万２０００米ドル、２０５０年はその３倍の約３万８０００米ドルへ増額することを目標に、すでに憲法を改正して「開発政策・計画は持続的、安定的であるべき」と明記し、開発政策に関連した法律も改正されています。これで、選挙や政権交代の有無に関係なく、長期開発政策を最上位政策として維持することも法的に保証されたのです。

では、「長期ビジョン２０５０」の主な目標を説明しましょう。

●長期ビジョン2050①「人間開発」

モンゴルでは、子供たちの知的能力が常に世界10位以内にあるにもかかわらず、その活用がうまくいかず、たとえば、その応用力では２０２０年に49位、応用力育成環境では59位、創造力では１１１位という低水準です。

そこで、国民全員に質の高い教育を受ける平等な機会を創出し、一人ひとりが自らの才能と能力を開花させることで持続的な経済発展を促し、国家繁栄へとつなげるというのが、この「人間開発」の目的です。

併せて２０１９年の貧困率28・４％を、２０５０年までに５％に下げることも目標に掲げています。

●長期ビジョン2050②「経済の多角化と工業化で変貌を遂げる」

前述した通り、モンゴルの経済は鉱産物に依存しているため、資源価格の変動やそれを輸出している国の経済動向に左右されてしまいます。

そこで、「鉱産物」では高付加価値の製品を開発するとともに、鉱産物を自国で有効活用して他の産業を育て、消費国から製造国へ、輸入国から輸出国へと変貌することを目指します。

また、労働力人口の3割程度が営む「畜産業」においても、家計収入を向上させるために農畜産物の高付加価値化を図り、持続可能な畜産業の事業化を目指します。「観光業」でも、自然絶景、歴史及び文化遺産などテーマ別の国内観光を開発するとともに、サービスの質の向上を図りながら競争力を底上げし、遊牧文化というモンゴルの特性を活かした遊牧文化ツーリズムを実現するとしています。

●長期ビジョン2050③「大気汚染対策及び汚染物質排出量80%カット」

美しい自然環境を次世代へ託すために、国土の35%、河川の75%、森林の60%を国家保護下に置くことを目指します。また、絶滅の危機にある生物及び植物の保全に特化した国立公園、森林面積の国土比率9%に上げるなど、自然保全に向けて包括的に取り組みます。

また、石炭に代替する改良固形燃料（豆炭）の製造・普及を図り、大気汚染を防ぐことで汚染物質排出量を80%カットする、としています。

これも自然環境を守ることで国の役割を果たしながら、観光業の質向上につなげるための施策にもなることが期待されます。

長期ビジョン2050には、この他にも**「国民の共通価値」**や**「地方再生」「ウランバートル市と衛星都市構想」**といった9つの目標と47の目的が設置されており、意欲的、野心的な内容にまとまっているように思います。

持続的な経済成長を実現できる国づくりは、一筋縄ではいきません。

モンゴルではこれまでも数多くの失敗をしてきました。しかし、それらの失敗を経て、政治的、外交的な対応力も向上してきたように感じます。

私はこれまで何回もモンゴルに足を運びましたが、日本の高度成長期のような「みなで豊かになろう」というパワーと向上心があり、ビジネスマンの多くが英語やロシア語も堪能です。

また、決して豊かな暮らしではない方々も、滞在中はいつでも心温かく、十分すぎるくらいのおもてなしをしてくれます。日本がモンゴルの発展に力を貸していることを知っているからなのかもしれませんが、訪れるたびにそんな人間味にふれることもできる国です。

私もモンゴルに行くたびに心のこもったプレゼントをいただきます。モンゴルの民族衣装や会社のロゴ入りのマフラーなど、さまざまなものをいただきましたが、一番驚いたのはポニーです（本物です！）。会社名に由来してCOCOちゃんと名付けました。

乗馬できるように現地の専門家が訓練してくれており、次にモンゴルに行く際は自分のポニーにまたがって草原を駆け抜けることができるので、またモンゴルに行く楽しみがひとつ増えました。30年は生きられるようなので、これからのモンゴルの成長を一緒に見守っていこうと思います。

日本はここまで、世界のどの国よりもモンゴルの発展に力を貸してきました。その責任において、彼らの持続的な経済成長をしっかりと見届けなければならないと感じています。

プロの視点！

モンゴルと日本の経済関係とは

清水武則（元モンゴル駐箚特命全権大使）

私がモンゴルとかかわりを持ち始めたのは、外務省からモンゴル専門家になることを告げられた1975年のことだから、50年近くモンゴルをさまざまな角度から見てきたことになる。

両国の歴史を振り返ると元寇（げんこう）、ノモンハン事件、戦後日本人捕虜の抑留など、暗い影に覆われ、モンゴルが実質ソ連の衛星国であったために、外交関係を樹立した1972年以降も日本との関係は発展しなかった。しかし、1990年に民主化運動が本格化し、モンゴルが社会主義を放棄して一気に市場経済化と民主化の道を歩み始めた当初、日本が積極的に支援してきたことから両国の関係は急速に発展してきた。

日本の支援はこれまで総額約3500億円にも達し、モンゴルの基礎インフラである道路、鉄道、通信のみならず、国家を担（にな）う人材育成の場である学校建設や修復、留学生の受け入れ、医療といった「人」にかかわる分野にも及び、おそらくモンゴル人で日本の支援の恩恵を間接、直接に受けていない人はいないと思う。

チンギス・ハーン国際空港や医科大学付属教育病院などは私が大使時代に大変な苦労の末に実現した。ODA（政府開発援助）の実施が民主化以降の両国関係の発展に貢献したことは疑いなく、結果として、モンゴルの対日イメージの改善と親日国家への変貌を遂げた大きな要因になっている。

ODAの収斂を念頭に両国はEPA（経済連携協定）を締結し、2016年に発効した。しかし、EPAはモンゴルからの輸出拡大にはまったく寄与できていない。

コロナ感染症の拡大により両国の往来も激減した。日本人のモンゴル訪問は2019年の約2・5万人から、2023年はようやく約1・8万人程度にまで回復したが、同年の韓国の約13万人に比べて大きく出遅れている。モンゴル航空だけではなく韓国の航空会社は毎日2社が定期便を飛ばしているが、日本はわずかにJALがMIATモンゴル航空とコードシェアしているにすぎない。日本の航空会社の参入が求められる。

私は大学の教授を務めていた時にモンゴルの観光開発について研究していたが、要は観光のデスティネーション（目的地）としてのモンゴルの魅力が知られていないのが最大の要因だった。その理由は、もちろん、モンゴル政府の広報宣伝活動が十分に行われていないことに起因する。

ただ、2023年はコロナが収束し、TBSの日曜劇場で『VIVANT』が放送されたり、NHKの『グレートネイチャー』でモンゴル特集番組がつくられたり、宮城野親方（白鵬）の滞在記が放送されたりと、日本のTVでモンゴルがたくさん紹介された。この結果、2024年からは日本人観光客の数も増加することが期待されている。

さて、国家間関係の基軸は民間交流であり、その中でも経済交流の過多は利害関係を共有することになることから最も重要な分野である。経済連携協定発効以降も残念ながら両国の貿易関係には大きな進展はなく、日本からの一方的な輸出超過という状態に変化はみられない。

モンゴルは2011年のGDP成長率が約17%に達するなど世界の投資家の注目を集めたが、外国投資家に対する好ましくない対応から投資家が離れていった。西側の常識が通用しないことも頻繁に発生した。

何よりも契約を順守するという基本ラインができていない。最近では日本の銀行や商社の一部が撤退してしまった。モンゴルに限らず、発展途上国で旧社会主義国でのビジネスは容易ではない。

しかし、そのチャレンジングな難しい市場であるがゆえにこそ、日本では得られない利益を生む可能性があることも反面の真理である。豊かな地下資源、牧畜資源、優秀なモンゴルの若者と、モンゴルの優越性もある。事前にきちんとした市場調査を行い、適切な分野を発掘し、信頼のおけるパートナーを得られるならば可能性を秘めたマーケットであるとも言える。

ただし、モンゴルのような新興国とのビジネスを行う場合には口約束だけではなく、契約不履行の場合の法的解決手段も含め、書面でリスクマネジメントを行っておくことをお勧めしたい。

しみず　たけのり

1952年生まれ。2011年～16年、モンゴル駐箚特命全権大使。モンゴル在勤4回。17年4月から千葉工業大学審議役。

4章

狙い目はモンゴル不動産ノウハウを大公開！

モンゴル不動産に投資するということ

前章では、モンゴル国全体について書きました。

繰り返しになりますが、モンゴルは日本の4倍の国土を保有しているものの、その約8割は草原もしくは砂漠であり、首都であるウランバートルほど栄えている都市はほかにには皆無です。したがって、モンゴルの人々が仕事をするにしても、大学に行くにしてもウランバートルに住まなくてはその目的を達成することができません。

もちろん、地方都市がいくつかあることはあるのですが、広い国土ゆえに移動時間がかかる上、移動手段も多くないことから、モンゴルでの「不動産投資」を考えたとき、その対象は自然と「首都ウランバートル市」に限定されてしまいます。

そもそも、ウランバートルは「ウランバートルマスタープラン2030」という国の政策に基づき、住民への住まいを供給するために開発を進めているのですから、不動産投資における資産価値向上や賃貸需要増などにつながる好条件が揃っている都市だと言えます。

開発・発展が著しいモンゴル・ウランバートル（画像提供：筆者）

株式市場には、**「国策に売りなし」**という相場格言があります。

国策とは、所得倍増計画やアベノミクスのように大がかりなものから、新紙幣導入やインバウンドのようにピンポイントの政策もありますが、大小にかかわらず共通するのは「国が積極的にその政策を推し進める」ということです。しかもそれは、財政出動もいとわない。

その結果、政策にかかわる企業は業績を伸ばし、株価も上昇します。もちろん、それを見越した投資家は先回りしてその株式を購入し、時に大きな利益を得ることもあるでしょう。

それは、不動産投資も同様です。

国が都市開発計画を発表したり、新しい地下鉄や高速道路、港湾、空港、鉄橋などのインフラを整備したりする計画があると、不動産価格にも好影響を与えます。

私は、モンゴル、特に首都ウランバートルでの不動産は、この国策を背景に、いままさに世界の不動産投資家から注目される時期が近づいているのではないかと考えています。

モンゴルの首都ウランバートル市ってこんな都市

ウランバートルの一部である「ゲル地区」については、すでに説明しました。

ここでは、そのウランバートル市の全体像を知っていただきましょう。

まず、ウランバートルは、チンギス・ハーン国際空港から50キロほどのところに位置しています。市内と空港を結ぶ鉄道がないため、移動はタクシーかバス限定。ただ、空港と同時につくられた高速道路を使えば1時間かからずに行き来できます。

市全体の面積は4700平方キロメートルと、東京都の2倍以上ありますが、人口

ウランバートル市は世界有数の渋滞地帯。6車線の道路も車であふれている（画像提供：筆者）

はその東京都の1410万人（2023年末時点）に対して、ウランバートルは169万人（2022年）と少ないため、人口密度は東京ほど高くありません。とはいえ、**モンゴル一国の人口の半分がウランバートルに集中しているのですから、タイやマレーシア、カンボジアなどの人口密度に比べれば高いので、その分、賃貸需要は期待できるでしょう。**

標高の高いウランバートルでは、特に寒い1月の平均気温はマイナス25度まで下がります。

同じ寒冷地である北海道旭川市の1

月の平均最低気温マイナス13度と比べるとはるかに寒く、これが「世界一寒い首都」と言われる所以(ゆえん)です。また、雨はほとんど降らず、降ったとしても夏の間に集中しています。

首都であることから裁判所や病院、銀行など国の重要な施設が点在しているほか、オフィス街、ショッピング街なども集中しているため渋滞は非常に深刻で、待ち合わせの時間に間に合うのかとハラハラさせられることもたびたびあるほど。道路は6車線のところもあり、十分に広くつくられていますが、急激に車の量が増えたせいでしょう。動かない車を横目に、電動キックボードに乗った人たちが脇をすり抜けていきます。

ただ、市内にはシベリア鉄道につながるモンゴル鉄道や、市内の東西を結ぶレールバス、すでに国の承認を受けている**「地下鉄プロジェクト」**もあります。

この地下鉄は、日本などの国際資本によって建設される計画のようで、コロナ禍だったこともあり、現段階でまだ工事は始まっていませんが、人口がますます増えることを考えれば、いずれ動く可能性はありそうです。

その他、ガンダン・テクチェンリン寺、ボグドハーン宮殿博物館、ザイサン丘などの観光地や、おしゃれな高級デパート、庶民的な市場、グルメスポット、遊園地、サーカス場など、市内にある注目スポットをあげたらきりがありません。他の都市に行く必要性をまったく感じないのは、必要なものすべてがココで揃うからです。

モンゴル不動産投資を具体的に見ていこう

ウランバートルがどんな都市なのかご理解いただけたでしょうか？

国策によって不動産投資に重要な「賃貸需要」も多く、「空室リスク」も低い都市だということもお分かりいただけたかと思います。

ここからは、「建物」にフォーカスし、投資対象がどのような物件なのかを具体的にイメージしていきましょう。

●モンゴル不動産投資①「どんな物件があるのか」

ウランバートルの写真の中に、近代的でカラフルなビル群を目にしたことがあるはずです。これがまさに、モンゴル国民が住むアパート群です。

建物のつくりは鉄筋コンクリートで、周辺の建物の日照や景観などを阻害しないよう、建築物の高さが55メートルに制限されています。そのため、55メートルギリギリの高さの16階建てのマンションが何棟も連なるように立ち並んでいます。申請して、許可されれば24階まで建設ができるようですが、市内を見わたしてもほとんどの物件が16階建てとなっています。

それらの多くが「ロシア建築」で建てられているのは、ロシア建築が寒冷地に適した工法だということと、もともとウランバートルの最初の都市開発をけん引したのがソ連だったからでしょう。いまでは、それらのビル群に欧米風の建物も加わり、独特の美しい街並みを形成しています。

寒さを防ぐ構造は、厚い断熱材のほか、ベランダを二重窓にするなどの工夫がされています。この二重窓で気温が10度は変わるそうですよ。実際に、建物の中に入ってみると本当にぽかぽか。加えて、暖房は火を使わないセントラルヒーティングを使用しています。

セントラルヒーティングは一カ所でつくった熱源を各部屋へ送り込み、建物全体を暖める暖房システムです。北海道などの寒冷地で使われているこのシステムは火災のリスクが低く、環境にも優しいというメリットがあります。

また、最近つくられた建物の大半はオール電化でもあり、市内では火事がほとんど起きないとのことです。

間取りは、日本の高級マンションによくみられるような広いリビングダイニングにキッチン、ベッドルーム、バス・トイレ、ウォークインクローゼットというタイプが大半で、広めの１ＬＤＫ、２ＬＤＫの物件が比較的多く提供されています。戸建て住宅もありますが数は少なく、居住者が芸能人や政治家、実業家といった超高所得者層の人たちに限られているのを見ると、特にウランバートル中心部では戸建て住宅は特別なようです。


投資する物件の「耐震構造」を気にされる方も多いと思いますが、実は、最近までモンゴルは地震がほとんど起きない国だと言われてきました。そのため古い建物の中には、鉄骨の柱だけを建て、その間をブロックで埋めていくといった、張りぼてのようなつくりの物件も数多く存在しています。セメントの量を減らし、低コストで建てることができたからです。

しかし近年では、**体感地震は極めて少ないものの、無感地震が急激に増加しているという分析もあり、耐震性がないとされる建物を撤去・建て替えする制度などの法整備や、既存の建物に対する耐震性判定も進められています。**

●モンゴル不動産投資②「価格を比べよう」

モンゴル不動産の魅力のひとつは、ずばり価格です。

モンゴルの不動産市場調査会社「Ｔｈｅｎｋｈｌｅｇ Ｚｕｕｃｈ」によると、ウランバートルの１平米あたりの平均住宅価格は、２００６年の約2万４０００円から、２０１８年にはその約３・８倍の約9万１５００円へと上昇しました。

現在は、１平米あたり10万円から15万円ほどの価格で販売されていることから、右肩上がりの相場が続いていることが分かります。

この1平米あたりの平均住宅価格から算出すると、物件のグレードにもよりますが、50平米の物件価格は約５００万円から７５０万円、70平米の物件価格は８００万円から１２００万円程度です。あくまで私個人の考えですが、10年後にはこの価格が

1・5倍から2倍程度まで上昇するのではないかと期待しています。

これについては、後ほど詳しく説明しましょう。


参考までに、人気の東南アジアの価格と比べてみます。

たとえば、ベトナムの首都ハノイでは、アパートの1平米あたりの平均販売価格は約20万円、タウンハウス(戸建てタイプ)になると、約90万円台へと跳ね上がるそうです。ハノイだけでなく、ベトナム最大の都市ホーチミンでも70万円を超えるアパートが出始めています。

また、フィリピンのマニラでも1平米あたりの平均販売価格は30万円から50万円程度と、モンゴル不動産の価格が低水準にあることがわかります。

ちなみに、東京23区の1平米あたりの平均販売価格は150万円を超えたようです。最も高い千代田区では267万円まで上昇しているというので驚きます。


利回りも比較してみると、ウランバートルの利回りが10%近いのに対し、フィリピンでは6%台、カンボジアは5%台とやや低く、物件の価格が高いマレーシアでは3

%台まで低下します。

●モンゴル不動産投資③「不動産の相場動向を知ろう」

モンゴルの不動産価格は足元で上昇していますが、不動産投資を考える際には、大きなトレンドも理解しておくべきです。ここ数年のモンゴル不動産の相場動向を遡（さかのぼ）ってみましょう。

モンゴルでは2012年から2014年にかけて不動産価格が上昇しました。

たとえば、**2012年の不動産価格は、前年比で40%も上昇。続く2013年も+15%、2014年も+35%となり、これはかなり急激な上昇トレンド**です。

このとき、いったい何が起きていたのでしょうか。

それは、ここまで何度も説明してきたあの「ウランバートルマスタープラン2030」ができあがり、政府に承認された時期と重なるのです。

憶測ですが、「マスタープラン2030」を知った投資家たちは、今後、長期間にわたって不動産需要が高まるだろうと考え、一気に資金を投入し「不動産バブル」が発生したのでしょう。さらに政府が「住宅ローン減税」や商業銀行を通じた低金利融資などの「住宅購入推進策」を行ったことで、バブルはますます膨れ上がりました。

しかし、この頃のモンゴル経済は、海外企業による鉱山の買収を阻止するため、海外からの投資を規制したことで危機的状況でした。そこに、モンゴル銀行協会が低金利の住宅ローンの新規融資を無期限停止すると発表したことで不動産価格は下落に転じ、2016年は10%下落、翌2017年も5%下落するなど、相場が逆回転し始めました。まるで、日本のバブル崩壊です。追い打ちをかけるように新型コロナウイルス感染症の感染拡大が直撃したのです。

そしてようやくいま、経済の正常化に伴って不動産価格も底を打ち、反転しようとしています。ここから政府は、2030年に向けてマスタープランを達成しようと本腰を入れてくるはずですから、改めて、不動産投資への期待が高まってくるのではないでしょうか。

このように、相場を短期で見るのと、長期で見るのとでは風景がまるで違います。投資する前に、相場の「現在地」は必ず確認しておきましょう。

ここでひとつ押さえておくべきポイントがあります。

それは2012年からのバブルは期待先行型の投機、いわゆる「マネーゲーム」だったということです。しかし、これからのモンゴル不動産は期待ではなく「現実」であり、本格的にゲル地区からアパートへと住民が移動していきます。そこには不動産を実際に買う人たちがいるほか、賃貸で生活を始める人たちもいるでしょう。

モンゴルではいよいよこの「実需」による不動産相場が始まり、バブルのような急激な動きではないにせよ、家賃収入も得ながら価格自体もしっかりと下値を切り上げていくといった、底堅い動きになることが考えられます。

●モンゴル不動産投資④「規制を理解しよう」

まず、モンゴルでは、すべての土地は「国家」のものと憲法に定められています。

唯一の例外として、国家は土地を私的所有のためにモンゴル国民に配分することだけが認められています。

具体的に言うと、一世帯あたり700平方メートル以下であれば、首都の土地保有が認められているのですが、この土地を外国人に譲渡することは禁止されています。

また、土地の「占有権」も、モンゴル国民と国内資本の企業・組織にのみ与えられますが、それにも60年間（延長も可能）という期限が設けられています。

ただし、建物の「所有権」であれば外国人は持つことができ、賃借することも可能とされています。

モンゴルでは、不動産取得に関する税金はかかりません。

必要になるのは、不動産を売却したときの「不動産譲渡税」で税率は売却価格の2%。そして、毎年課税される「固定資産税」の税率も政府登記所への登記額の0・6%〜1・0%で、日本国内と比べると低コストで投資することができます。

ここで**重要なのは、日本の居住者に対しては、モンゴルと日本との双方で税金がかかること**です。

海外不動産投資では、日本と租税条約を締結している国での投資は、不動産譲渡税や個人所得税に関して二重課税が回避されますが、モンゴルは日本と租税条約を締結しておらず、したがって、不動産の譲渡所得税や不動産所得に関する所得税については、モンゴルと日本、この両国に納税する必要があります。

ちなみに日本の「不動産譲渡税」の税率は、売却した不動産の所有期間によって異なりますが、所有期間が5年以下の場合は「短期譲渡所得」となり、税率は39・63％（うち所得税30・63％、住民税9％）です。所有期間が5年を超える場合は「長期譲渡所得」となり、税率は20・315％（所得税15・315％、住民税5％）と低くなりますから、モンゴル不動産に投資した場合は、最低でも5年以上保有し、その後、売却したほうが税金面ではお得です。

ひとつの例ですが、800万円で購入した物件が1・5倍値上がりして1200万円で売却した場合、モンゴル側で1200万円の2％＝24万円、日本側で400万円の20・315％＝約81万円、合計105万円を両国に納める必要があります。

●モンゴル不動産投資⑤「購入方法はさまざま。よく吟味しよう」

モンゴル不動産を購入する場合、主に3つの方法があります。

ひとつ目は、「不動産エージェントに依頼する方法」、2つ目は「国内の法人もしくは個人からセカンダリー物件を購入する方法」、3つ目は「不動産投資型クラウドファンディングに投資する方法」です。順に説明していきましょう。

まずは「不動産エージェントに依頼する方法」です。

依頼するためには、不動産エージェントを探さなくてはなりませんが、インターネットで検索して見つけるのが一般的です。その一部を挙げておきましょう。

・フォーランドリアルティネットワークジャパン株式会社（https://www.foreland-realty.com/）……主にマレーシアやシンガポール、フィリピン、タイなどのＡＳＥＡＮ各国と、ハワイ、米国本土などの先進国の物件を取り扱っています。

・セカイプロパティ（https://ja.sekaiproperty.com/）……このサイトは、東証プライム市場に上場している株式会社じげんの子会社である株式会社ＢＥＹＯＮＤ　ＢＯＲＤＥＲＳが運営しており、マレーシアやカンボジア、タイなどの物件を得意としています。

調べてみると、両社ともにモンゴル不動産を扱ってはいますが、物件はウランバートルに拠点を構えるモンゴル大手デベロッパーであるモンコングループが建設したマンダラ・ガーデンに限られているようです。

大型タウンシップ開発プロジェクト「マンダラ・ガーデン」は約15ヘクタールという広大な敷地に全25棟、計2460戸からなるコンドミニアム群を中心に据えた複合開発です。約18ヘクタールの敷地に全24棟、計5632戸を持つ晴海フラッグの半分以下の戸数ではあるものの、大量供給であることに変わりなく、将来の物件価格が疑問視されています。

また、日本国内の代理店は、物件の仲介をするだけで販売責任を負わず、その後の管理なども行わないため、「売ったらそれで終わり」という構造になっていることも多くありますので、アフターサポートをどこまでやってくれるのか必ず確認してください。

ここで、手前味噌で恐縮ですが、当社ココザス株式会社もモンゴル不動産を提供しています。

当社は、グループ内に「COCOZAS Mongolia（ココザスモンゴリア）」というモンゴルの現地法人を抱えています。アパートの建設段階から入り込み、建築の技法から建

いまもウランバートルでは、マンション・アパートが建設ラッシュ中だ（画像提供：筆者）

材選び、耐震措置まで至るところで投資家の立場で意見交換しながら建設を進めています。

新築の海外不動産の場合、竣工が計画通りにいかず、遅れてしまうケースが多々ありますが、建設会社と密に連絡を取ることで、そのリスクを最小限に留めることができています。

もちろん日本国内にいても購入できますし、登記などの段取りから購入後のサポートまで現地法人と連携しながら、当社が迅速に対応します。

また、海外不動産投資において現地の情報を入手するのは困難であり、モンゴル語が不慣れだと苦労することも多々ありますが、当社であれば現地法人を通じてお手伝いできますので、安心して投資することができるはずです。

現在、いくつかのプロジェクトを同時進行中で、そのひとつが同じ敷地内に3棟、約340戸あるかなりの規模のプロジェクトです。すでに1号棟と2号棟は竣工し、すべての部屋に現地の方が居住済み、残る3号棟の建設も内装を含めてほぼ完了しており、今年の春頃には購入者に権利書の発行が完了する予定です。

この物件の大半は実際にこのアパートに居住するモンゴルの方向けに販売していますので、日本の投資家の方に販売したのはそのうちの10％以内に収まっています。

当社が**日本の投資家に販売している物件に関しては、階数によりますが、7〜8％の利回りで家賃保証をしています。**つまり空室であっても7％か8％のインカムゲインが手に入るということです。しかも、6年間保証で為替リスクのない円ベースでお支払いをしています。

常に新たなプロジェクトを開発していますので、モンゴル不動産にご興味がありましたら、ぜひお問い合わせください。

この本を執筆している段階では**「投資家の立場に寄り添って、モンゴル不動産を物**

件の売主として自ら販売しているのはココザスだけ」だと認識しています。

さて、話をもとに戻しましょう。

2つ目の「国内の法人もしくは個人からセカンダリー物件を購入する方法」ですが、日本国内においてモンゴル不動産投資はまだ始まったばかりですから、向こう数年間は日本国内で中古物件が出回る可能性は低いと考えています。

ただし、数は少ないにしても以前に購入した方が「キャピタルゲインを確定させたい」と売却相談に来ることもありますので、まったくないわけではありません。当社のお客さまもいずれ手放すでしょうから、今後少しずつ増えてくることが予想されます。

そして3つ目の「不動産投資型クラウドファンディングに投資する方法」です。

不動産クラウドファンディングとは、2章で書いた通り複数の出資者から出資金を募り、特定の不動産を取得して、不動産の開発による利益や賃料収入を出資金割合に応じて分配する仕組みで、一口10万円から投資できるプロジェクトもあるため、少額から取り組めることも大きな魅力です。

モンゴル不動産に関しては、国内外で建設・不動産事業を展開するＴＥＣＲＡ株式会社が運営するＴＥＣＲＯＷＤ（https://tecrowd.jp/）が扱っていますので物件などをチェックしてみてください。

ただし、リスクもあります。

不動産投資から少し離れますが、２０２２年、東京地裁はインターネットで投資を募り企業に融資するソーシャルレンディングで、虚偽の説明で勧誘したとして投資を仲介した大手の「ｍａｎｅｏマーケット」を運営するｍａｎｅｏ社に賠償金を支払うよう命じました。これは、ｍａｎｅｏ社が自然エネルギー開発会社の子会社から委託を受け、２０１６年から２０１８年にかけてウェブサイト上で投資を募集したものの資金は事前の説明と異なり、自然エネルギー開発会社への貸し付けや別事業に流用されたという事件です。

これ以外でも、ｍａｎｅｏ社を巡っては、融資先がデフォルトし、債権者である投資家にお金が戻らない案件が多数発生しました。

クラウドファンディングと似たような資金調達スキームとして一時ブームになった「ソーシャルレンディング」ですが、このような事件が起こったことで信頼が足元から揺らいでいます。

ただ、前述した不動産投資型クラウドファンディングを手掛けるＴＥＣＲＡは、モンゴル・カザフスタンなど競合の少ない中央アジア諸国を中心に不動産開発事業を展開しているインベスコアグループ（モンゴル証券取引所に上場／日本にも事業会社あり）と提携し、その投資資金は幅広い物件に投じられているようです。

モンゴル不動産投資を体感するという意味でも、一度クラウドファンディングに挑戦してみてもいいかもしれません。

●モンゴル不動産投資⑥「投資のリターン・インカムゲイン編」

まずは、家賃収入「インカムゲイン」です。

2章で、ウランバートルの平均賃貸利回り年7％で計算すると、14年も経てば投資元本を回収できるだけの家賃収入を得ることができ、そこから先はすべてが利益になる、と書きました。

改めて、モンゴルでは国の政策で、ゲル地区からアパートへと住民の移住が進んでいることから賃貸需要は旺盛であり、空室リスクは低く抑えられると考えています。

しかし、2024年1月現在で、モンゴルの平均年収は2300万トゥグルグ、日本円で100万円ほどとされているので、アパートの賃料をそれほど高く設定することはできません。

ただし、ほとんどの家庭が共働きであることも考慮すると、世帯年収は200万円超の家庭が都心部のアパートを借りてくれるイメージです。

参考までに、日本人が投資家として貸し出す場合、50平米で購入価格750万円の物件だと賃料は月5万円程度です。ただ、物件価格が安価であることから、あくまでも単純計算で年8%、低くても年7%の利回りで運用することができるはずです。実際にそれくらいの金額で貸し出しても、入居者は付いています。

一方、ウランバートルには1平米あたりの販売価格が30万円を超えるような高級物件もありますが、それらの多くは各国の大使館や企業に勤める外国人駐在員などが対象であり、現地の一般家庭の方が入居できる物件ではありません。したがって、高級物件ほど空室リスクを警戒する必要があると言えます。

●モンゴル不動産投資⑦「投資のキャピタルゲイン編」

次は、売却益「キャピタルゲイン」です。

まず、モンゴル不動産に投資した場合、投資にかかわる税金はモンゴルと日本の両国で支払う二重課税になってしまうので、税金の利率が低くなる5年後までは保有し、その後、売却するのがお勧めです。

説明した通り、現状ではモンゴルの平均年収はそれほど高くないことから、不動産を買えずに「賃貸」を選択する方も多くいます。しかも、モンゴルの政策金利は2023年末時点で13％と高く、住宅ローン金利も高いため、モンゴル国民の中にはローンを組めないという層も一定数います。

ただ、モンゴルでは働き盛りの若い世代が多い上、経済成長につれて国民の年収も増えれば、若年層の住宅購入も増えてくるはずです。

しかも、モンゴル不動産投資の認知度が向上するのはこれからです。この認知度が向上すると、現地の方に売却してもよし、投資家に売却してもよしと、選択肢が広がります。

さらに言えば、モンゴルはインフレ率が10％程度と高水準にある国です。インフレは、実物資産の価値を高め、実物資産への投資を促進するのは説明した通りです。これらが、インカムゲインもキャピタルゲインも狙える投資だと考える理由です。

しかし、デベロッパーの中には、購入後の6年〜8年後に、購入時点の物件価格100％で買い戻す旨を謳っているところも多く存在します。この仕組みは、インカムゲインだけ得られればいいという方にとっては選択肢のひとつですが、せっかくモンゴル不動産は物件価格の値上がりも期待できるのですから、もっと欲張って、キャピタルゲインを狙ってもいいのではないでしょうか。

繰り返しになりますが、私は、**モンゴル不動産を10年間保有した場合、その価格は2倍程度まで上昇することが期待できるマーケット**だと考えています。

●モンゴル不動産投資⑧「通貨・モンゴル・トゥグルグの動向」

海外不動産投資にとって利益を左右する「為替相場」も確認しておきましょう。

モンゴルの通貨は「モンゴル・トゥグルグ（以下、ＭＮＴ）」です。

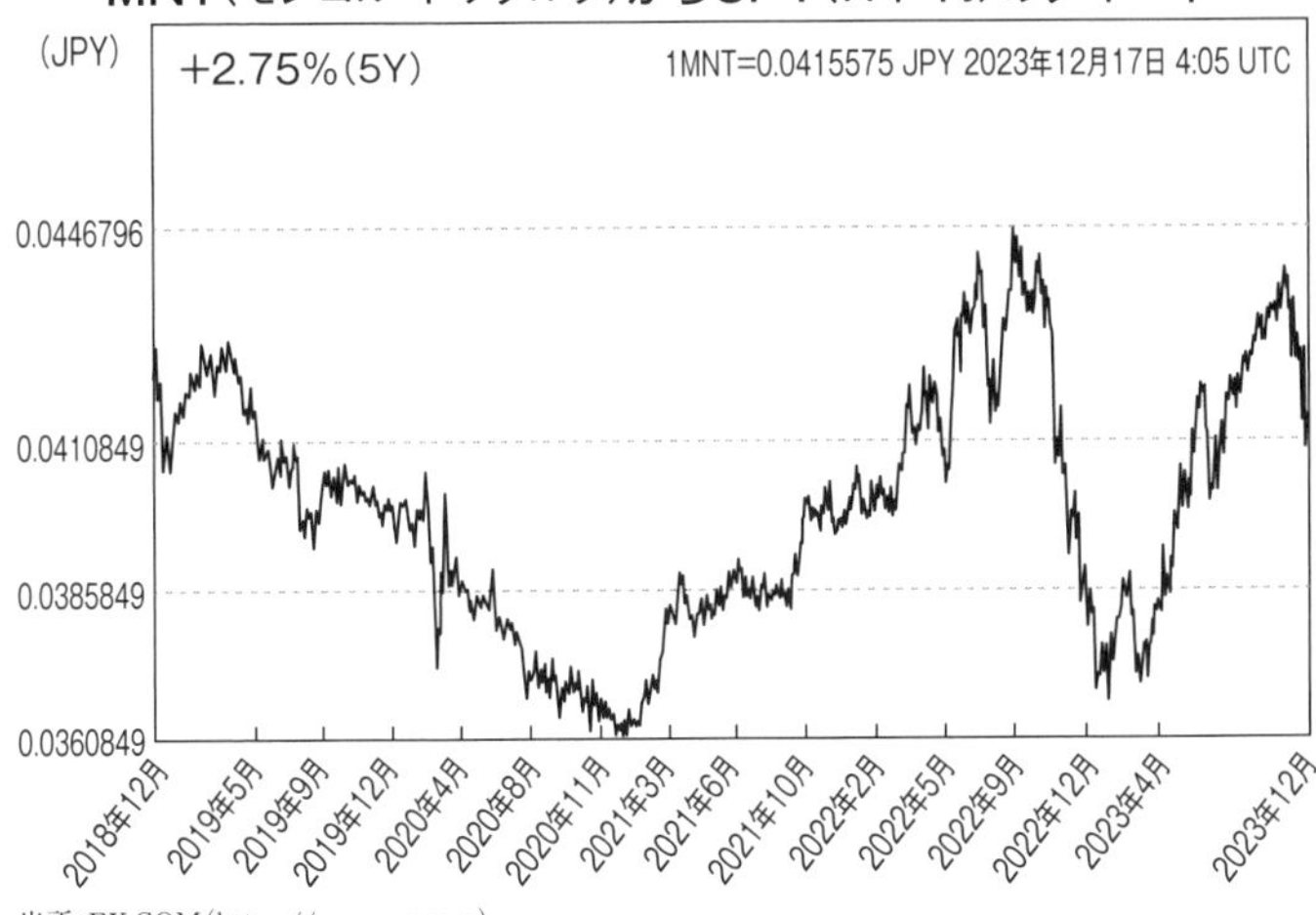

出所：EX.COM（https://www.xe.com）

コロナ禍の2021年で底を打ち、MNT高・円安が進行した

このトゥグルグ相場を対円で見てみると、２０１５年中旬に１ＭＮＴ＝０・０６６円という高値を付けた相場は反転し、２０２１年初旬には１ＭＮＴ＝０・０３６円までＭＮＴ安・円高が進みました。

しかし、足元では徐々にそのトレンドが変わり、この原稿を執筆している２０２４年１月時点では１ＭＮＴ＝０・０４２円と、若干ですが、ＭＮＴ高・円安傾向となっています。

海外不動産の売買は基本的に現地通貨で行うため、もし購入するときに円高であれば、それだけ不動産価格を低く抑えることができます。

専門家ではありませんのでそのスピード感や水準はわかりませんが、もし、日本の中央銀行である日銀が、長らく行ってきたマイナス金利政策を解除することになれば、円相場が一段と円高方向にふれても不思議ではありません。ただし、マイナス金利は解除されても、金利を大幅に引き上げるようなことはあり得ないというのが専門家の見立てです。そうであるならば、少しでも円高傾向にあるうちに物件を購入するのが、キャピタルゲインをより大きくするポイントではあります。

為替変動リスクは海外投資には付き物です。ポイントはどれくらいの変動率があるかを把握しておくことだと思います。

参考までに、日本円が世界各国の通貨に対して一気に円安に触れたコロナ禍の為替変動を振り返っておきましょう。日本円対ＭＮＴの動きは、２０２０年３月時点で１ＭＮＴ＝０・０３８円だったものが、２０２４年１月時点で１ＭＮＴ＝０・０４２円と約10％円安に触れています。もっとも円高になったのは２０２１年１月の１ＭＮＴ＝０・０３６円、もっとも円安に触れたのは２０２２年９月の１ＭＮＴ＝０・０４４円なので、この４年弱は22％くらいの幅の中で動いたことになります。

対して日本円対米国ドルの動きは、２０２０年３月時点で１米ドル＝１０７円だったものが、2024年1月時点で1米ドル＝147円と約37％円安に触れています。もっとも円高になったのは2021年1月の1米ドル＝103円、もっとも円安に触れたのは2023年11月の1米ドル＝151円なので、この4年弱は47％くらいの幅の中で動いたことになります。

途上国であるモンゴルの通貨ですが、意外に変動が大きくありません。これから先どうなっていくかは分かりませんが、モンゴルへの投資を考える上で頭に入れておくべき情報でしょう。

ここで余談ですが、現在のモンゴルの政策金利は13％と高金利ですから、**モンゴルの銀行で定期預金すると金利は高く、年10～14％の利息を得ることができます。**これは、アジアを見わたしても最高水準の金利で、実は私もモンゴルの銀行に口座をつくり、いまも定期預金をしています。

ご存じの通り、日本の定期預金金利は高い銀行でも0・3％程度、低い銀行だと0・002％です。

日本の銀行に1000万円を1年間預けたとしても2万円の利息しか付きません

が、モンゴルの銀行に同じ1000万円を1年間預けたら、預金金利12%で計算すると、もらえる利息は年間で120万円を越え、10年間複利で預ければ2100万円を超える利息を受け取ることができます。元金1000万円が3100万円になるということです。

しかも、モンゴルの銀行の中には、米ドルでの預金が可能なところもあり、モンゴル現地通貨であるトゥグルグで抱えてしまう為替変動リスクも、基軸通貨である米ドルなら、少し安心感があるという方もいるでしょう。米ドルでの定期預金金利は5〜7%ほど、実は日本円の定期預金金利も4〜6%ほど出してくれる銀行もありますので、低金利の日本と比較すると非常に魅力的に感じますよね。ただし、ペイオフ(金融機関が破綻したとき、預金保険制度に基づき預金保険機構が預金者に直接保険金支払いを行うこと)の仕組みはありませんので、その点は注意が必要です。

積極的な投資で副収入を!

では次に、実際に弊社を通じてモンゴル不動産をご契約いただいた2人のお客さまの事例をご紹介しましょう。

●こんな実例が！①「東京都在住女性A子さん（独身／39歳）の場合」

A子さんは、新卒で務めた会社にそのまま勤務し続けていて、年収は580万円ほど。同年代の平均年収410万円と比べるとかなり高い年収ですが、それでも投資をしたことはなく、コツコツと堅実に貯金をしてきました。

いわゆる貯蓄女子だったA子さんが初めての投資に選んだのが「モンゴル不動産投資」でした。

貯金額も結構あったように記憶していますが、それでもモンゴル不動産に投資する場合、700万円ほどのキャッシュを用意する必要がありますから、投資未経験者のA子さんにとってはかなりの冒険だったでしょう。

しかし彼女は、意外なくらい早く決断しました。

理由は、物件価格が下がるリスクが低いと考えたからです。

もし、あなたが日本の1950年代にタイムスリップできるならどうしますか。

私なら、借金をしてでも土地を買います。実際、国有地の払い下げで、丸の内や大手町の一等地を手にした企業は、その後の値上がりでいまではとんでもない額の含み益を持つ資産を保有しているのですから。

話を戻しましょう。

もともと将来に不安を抱えていたA子さんには、4年ほど前から当社でもさまざまな投資のアドバイスをしてきました。しかし、実際に投資したのは、モンゴル不動産が初めてでした。

昨夏、当社で企画・実施したモンゴルへのツアーには、A子さんをはじめ、実際に投資してくださった方々をお連れしましたが、A子さんがご自身の投資された物件をご覧になったときのなんとも言えない感慨深い表情を見て、私もホッと胸をなでおろしました。

話はこれで終わりではありません。

ツアーから戻られてすぐだったでしょうか。A子さんは次に国内不動産の投資を始めました。**モンゴル不動産投資をきっかけに、貯蓄女子から投資女子にすっかり変身された**のです。

世界規模で進むインフレで、実物資産に投資することの必要性を感じるとともに、円安も進行したことから、日本円で資産を持ち続けることが不安だったのでしょう。

いずれにしても当社は、A子さんが数年後に、モンゴル不動産投資でキャピタルゲインを得るまでしっかりとサポートし続けていきます。

●こんな実例が！②「東京都在住男性Bさん（既婚／52歳）の場合」

Bさんは、大手企業にお勤めのサラリーマンです。

15年ほど前に仕事でモンゴルに行かれた経験があり、当社が実施したモンゴルツアーでウランバートルの著しい発展を目にして、モンゴル不動産への投資を即決されました。

このモンゴルツアーは、2023年に4回ほど開催し、多くの方にご参加いただきました。4泊5日の日程の中では物件見学はもちろん、観光地や草原でのゲル体験、買い物や食事など、ウランバートルを余すことなく堪能していただきます。

2024年も開催予定ですので、興味のある方はぜひお声がけください。

さて、サラリーマンとはいえ、Bさんはすでにアメリカやカンボジア不動産にも投資するなど、すでに玄人の投資家です。最初にモンゴル不動産の話をしたときは「モンゴルか!」と驚かれたご様子でしたが、少し考えられた後に**「そりゃ、上がるでしょ!」**という言葉を返してくださったときに、改めて、Bさんの知見の広さに驚かされました。

当社のお客さまには、Bさんのように大手企業に勤めながら、積極的な投資で副収入を得ている方が多くいらっしゃいます。

皆さん、老後のための資産運用が目的ですから、金融商品などをできるだけ分散させることで資産全体を守りつつ、株式投資からアパート経営、海外不動産投資と、かなりアグレッシブに投資し、その暮らしぶりも考え方もサラリーマンというよりは富裕層そのものです。

当社が定期的にお送りしているメールマガジンやLINEを活用した情報提供、YouTubeで配信しているコンテンツ「資産形成チャンネル」(https://www.youtube.com/@shisankeisei-channel/featured) も参考にしてくださっていると聞き、背筋が伸びる思いです。

ここまで、モンゴル不動産投資について書いてきました。

私たちはよく、**「お金を働かせる」**という言葉を使います。

これは文字通り、株式や不動産などに投資することで配当金や家賃収入を得ることを指します。しかし、この現実的な利益にとどまらず、たとえば、モンゴル不動産に投資した場合、収入が低く、自分ではまだ家を買えない現地の方々も、我々が投資した物件を賃貸すれば温かく清潔な生活が送れるようになりますし、環境面でも脱炭素の促進になったりと、社会課題の解決につながったりもします。

低金利な日本の銀行に貯金しておいても、それはお金をただ眠らせているだけです。皆さん、お金の働き方を、ぜひ考えてみてください。

プロの視点！

モンゴルにいま、熱い視線が注がれている！

バトザヤ・バトエルデネ（SHINASAKE LLC CEO）

読者の皆さまに、私の大切なビジネスパートナーでもあり、かつ友人でもある安藤社長の本書を通してご挨拶できることを光栄に思います。

読者の皆さまには、日本で馴染み深い大相撲の力士や、チンギス・ハーンだけではなく、別の角度からモンゴルをご紹介し、本コラムを通じて「近いようで遠い」モンゴルという国の新たな一面を知っていただけることを期待しております。

日蒙両国の間には文化や習慣などのさまざまな違いがありますが、近年、両国間の協力関係はいままで以上に深まりつつあります。過去30年間で、モンゴルでは人権、外交関係、市場経済、雇用の促進など、人間社会における多くの重要な指標や文化が発展してきました。

また、発展途上国と言われながら、国内総生産は3・7倍に成長し、生活水準及び生活品質が上昇する流れで、経済発展はいまも加速し続けています。たとえば、2023年にモンゴルの経済成長は6・8％も成長し、新型コロナウイルスのパンデミックにより大きなダメージを受けた経済市場を短期的に取り戻し、経済成長のためのあらゆる政策に国も取り組んでいます。

さらに、モンゴルに関心を持つ海外の投資家が増加しています。モンゴルの若者にとっては「起業」という選択肢を持つことができるため、非常に喜ばしいことです。海外からの投資はスタートアップ企業だけでなく、鉱業、不動産、観光、工芸品などさまざまな分野への投資が加速しており、これらの分野はこれまでとは異なる新たな成長のスタートを切っています。

特に海外からの投資が増えている不動産分野においては、モンゴルの税制・法律環境が他国に比べて非常に緩和的であり、モンゴル国民の住宅ニーズも高く、政府から国民への住宅融資の制度も整ったことが投資家を惹きつけている理由のひとつだと考えられます。

一方、モンゴル政府は国会にて海外投資家の誘致活動を拡大させるために、法的保護に重点を置き、「投資法」を改正し、政府執行機関として「投資貿易所」を設立しました。

このように投資環境が改善し、経済が成長するにつれて、外国人の移住が増加し、国内外の人々が我が国の不動産セクターに投資し、購入する傾向は増加し続けています。例を挙げると建設業への外国直接投資が8億ドルから約10億ドルに拡大し、成長を持続させています。

世界的に見ても不動産市場への長期的な投資は、もっとも生産性の高い投資として引き続き注目されています。不動産は、他の金融商品や貿易商品と比較しても、インフレによる影響を受けにくく、長期的な利益率が高い重要な分野であり続けると確信しています。

私がSHINASAKE LLCという会社を設立してから10年が経ちましたが、2020年ごろから本格的に不動産開発事業の分野に参画し、現在「ENSO Village」という戸建てプロジェクト、「ENSO Apartment」というコンドミニアムプロジェクトを遂行しています。本書が発売される頃には、どちらのプロジェクトも竣工前後のタイミングを迎えているでしょう（一部継続中の開発棟もあります）。

私たちSHINASAKEは2022年秋、ココザスの皆さんと初めてお会いしてから、非常に深いお付き合いをさせていただいています。2023年9月には日本へ10日間ほど訪れ、ココザスの皆様やココザスのお客さまたちとたくさんの交流をいたしました。我々は日本の文化が非常に好きなので、社名にも一部日本を感じさせるものを取り入れており、日本の皆様に期待していただけるような不動産やその他商品を開発したいと考えております。

モンゴルは広大な草原を有しており、人口増加と合わせて今後もさまざまなビジネスチャンスがあると考えています。

本書を通して皆さまにモンゴルについて知っていただく機会をくださり、親愛なる友人の安藤氏にSHINASAKEを代表して心から感謝申し上げます。安藤氏の本が、日本の皆さまとモンゴルの間に「架け橋」をつくると確信しています。

それでは、本書を通じて一人でも多くの方がモンゴルに興味を持っていただき、足を運んでいただけることを楽しみにお待ちしております。

バトザヤ・バトエルデネ
1988年、モンゴル・ウランバートル生まれ。2013年より、不動産開発事業も手がけるモンゴルの建設会社「SHINASAKE LLC」のCEOを務める。

5章

モンゴル不動産投資で後悔・失敗しないために

やっぱりリスクはあります！

モンゴル不動産投資に大きな可能性があるのはご理解いただけたかと思います。しかし、途上国ゆえに注意しておきたいポイントも少なくありません。そこで、改めてモンゴル不動産投資におけるリスクをまとめておきます。

ただ、この章を読んで「投資はリスクがあるからしたくない」なんて思わないでください。

もちろん投資には元本保証はなく、資産が減ってしまう、もしくは元本以上の損をしてしまう金融商品も存在します。

しかしながら、**不動産投資など実物資産への投資は、もし価格が下がったとしてもそこに実物があるのですから、すべての資産を失ってしまうことはなく、継続的に受け取れる家賃収入も期待できます。**

このように、投資の中では比較的安全とされる不動産投資ですが、それでも投資を始める前に、いったいどのようなリスクがあるのか、どうすればそのリスクを最小限にとどめることができるのかを考えておけば、いざという時にあなたの行動が変わります。

リスクをただ怖がるのではなく、前もって対処法を決めてリスクを抑えながら、投資をあなたの人生の味方にしてください。

●モンゴル不動産投資のリスク①「金融機関からの融資は期待できない」

2章で新興国の不動産に投資するときは、融資を受けるのは原則的に難しいと思ってくださいと前述しました。それは、海外不動産投資、中でも新興国での不動産投資には、為替や法的リスクが伴うからです。

日本国内の金融機関でも、政府系金融機関である日本政策金融公庫や東京スター銀行、オリックス銀行などでは、一部の国を対象とした海外不動産投資向けのローンを提供していますが、日本国内に担保となる不動産が必要だったり、一定の資産背景を求められたりと、ハードルはそれなりに高いです。

また、現地の銀行からの融資を受けることも難しく、万が一、ローンが組めたとしても、その金利は10％超と驚くほどの高金利となってしまいます。

モンゴル不動産に投資するときは、基本的には「全額キャッシュで」とお考えください。ただし、過去に日本国内の金融機関から融資をしてもらった実例もあるため、不動産投資ローンにチャレンジしたい方はご相談ください。

●モンゴル不動産投資のリスク②「日本に伝わる市場データや情報が少ない」

投資の判断をするために、現地の情報を知ることはとても重要です。

日本国内の情報であれば、官公庁の統計データを見たり、新聞社などの各種メディアを通じてある程度の情報を入手したり、いざとなれば、投資物件を実際に見に行くこともできます。

しかし、それが海外ともなると、そもそも伝えられる情報量が少ない上、距離と時間、言語の問題など、思うようにいかないことも多く、特に、天災や火事など何かが起きた場合、確かな情報が得られず、対応が遅くなる恐れもあるでしょう。

新興国の中では、政府が発表する統計データなどが、英語で書かれている国もあるのですが、モンゴルの各省庁のホームページを見ても「モンゴル語」が並び、何がなにやらまったくわかりません。

皆さんは、モンゴル語を目にしたことがありますか？

私はモンゴル語を手掛けるまで、モンゴル語を目にしたことも耳にしたこともありませんでした。ですから、最初はとても戸惑い、一つひとつのデータを解読するのにとても時間がかかりました。

これは、モンゴル不動産投資におけるリスクのひとつです。

ただし、いまは当社の現地法人のスタッフもモンゴルはもちろん日本のことをよく理解していますし、一緒に仕事をしているデベロッパーの方々も来日して日本の建築を学び、その知識を現地のアパート建設に役立ててくれています。

海外不動産投資では、コミュニケーションの取れるパートナーを見つけることが最も重要です。

●モンゴル不動産投資のリスク③「不動産投資を取り巻く環境が未成熟」

海外不動産投資では、パートナーとなる不動産エージェント選びが重要と言ったものの、これはそう簡単なことではありません。

そこで、改めて、海外不動産における不動産エージェントの役割からおさらいしておきましょう。

不動産エージェントとは、不動産の売買に必要な物件の情報収集から、物件を売却したり、購入したりするときの手続きだけでなく、さまざまな相談にも乗ってくれる専門家のことです。

特に、言語が壁になる海外不動産投資においては、その存在がさらに重要です。

本来なら、不動産を仲介してくれる不動産エージェントがその役割を果たすべきですが、残念ながらモンゴル不動産ではそれはあまり期待できません。

なぜなら、モンゴル不動産を扱っている国内のエージェントは、物件の仲介をするだけで売主としての販売責任を負わず、その後の管理なども行わないため、売ったらそれで終わりという構造になっていることが多いからです。

特に、モンゴル不動産のように販売単価が低く、仲介してもそれほど多くの手数料がもらえない取引の場合は、できるだけ面倒は避けたいというのがエージェントの正直な意見でしょう。

では、あなたの物件の管理はいったい誰がしてくれるのでしょうか。

不動産投資の管理業務は、「入居者募集」から始まり、「賃貸借契約の締結」「家賃の集金」「修繕の対応」「退去後の原状回復」など、多岐にわたります。

これらの管理業務はすべて、日本国内であれば、不動産会社が行ってくれますが、モンゴルにおいては、エージェントが力を貸してくれないのなら、現地の不動産管理会社と直接やりとりをしなければなりません。

ここでもまた言語など、問題が山積です。

ただ、この問題は、その国の不動産マーケットが大きくなれば、当社のように、現地に進出する日本企業も増え、解決できる場合が多いのも事実です。

モンゴル不動産投資は、未成熟です。不動産投資を取り巻く環境は、これから整備されると考えてください。

●モンゴル不動産投資のリスク④「政治が不安定なこと」

新興国では、政治が不安定な国が多くあります。

モンゴルもそのひとつであり、1992年に民主化して以降、政治家や公務員の汚職が原因で、たびたびデモやストライキが起きています。

たとえば、2022年12月、モンゴルの首都ウランバートルで、数千人が参加する反政府抗議デモが起きました。

これは、コロナ禍やロシアのウクライナ侵略を受けた物価高騰に加え、中国への石炭輸出を巡る汚職の発覚で国民の不満が爆発したのです。デモの参加者は、大学生などの若者が多く、極寒の中で汚職の実態解明やインフレ対策を求めて断続的に3日間も続き、参加者と警察の衝突も起きたとのことです。

15%超のインフレで国民生活が困窮しているのに、政府や国有企業の関係者が汚職で巨額の利益を得ていては、不満が爆発するのは当然です。

このように、モンゴルでは政治家や公務員の汚職の例を挙げたらきりがありません。モンゴルの豊かな鉱物資源は国の財産ですが、これが汚職の温床となり、人々の政治不信が加速しているのは、なんとも皮肉なことです。

●モンゴル不動産投資のリスク⑤「地政学的リスク」

モンゴルは、北にロシア、南に中国という2つの大国にはさまれた内陸国です。

そこでモンゴルは、地政学的リスクを回避するために、外交面では均衡のとれた関

モンゴルにおけるGDP・実質成長率の推移

2023年1~6月の実質GDP成長率は前年同期比6.4%だった。
2023年第2四半期(4~6月)の季節調整済みの前期比成長率は0.5%だった。
2023年1~6月の名目GDPは前年同期比30.6%増の30兆4958億トゥグルグだった。

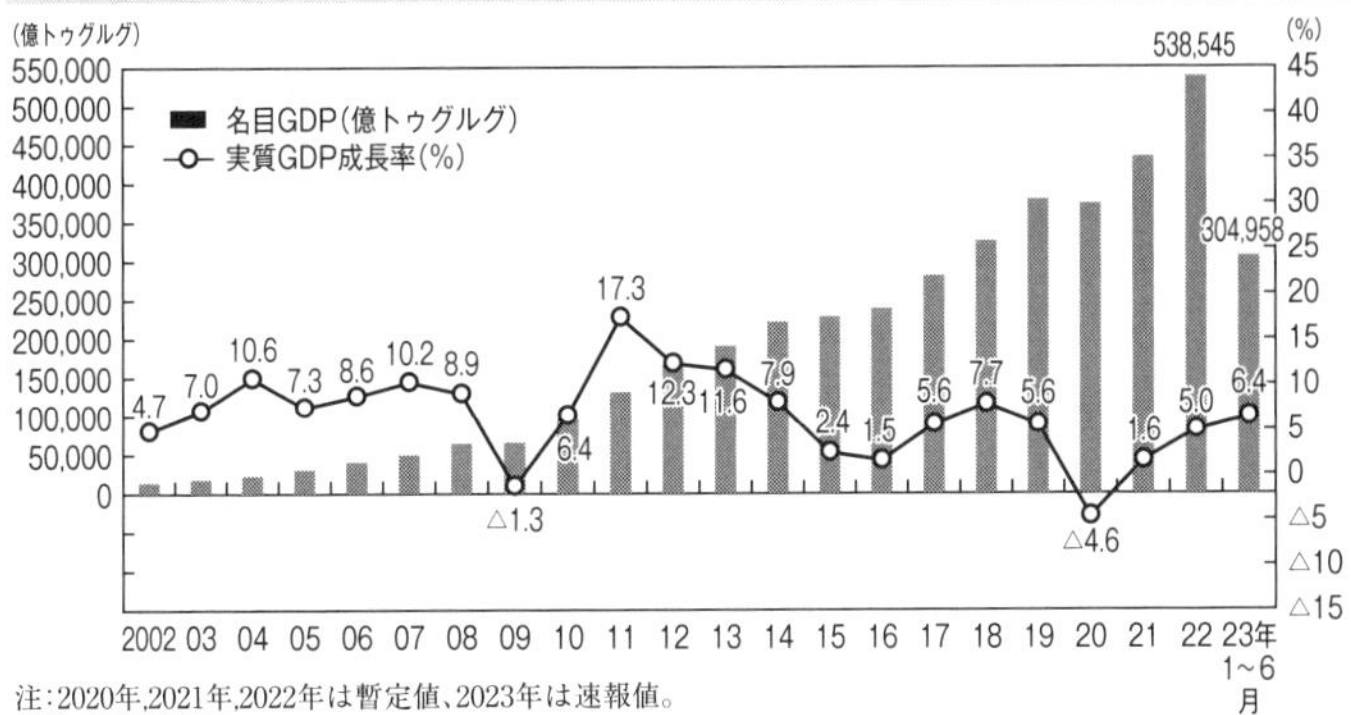

注:2020年,2021年,2022年は暫定値、2023年は速報値。
出所:国家統計局

係を保つことを重視しています。その一方で、貿易面では２つの国に大きく依存していることから、経済的な危うさも持ち合わせています。

たとえば、２０２０年、中国は「ゼロコロナ」政策の下で国境を封鎖しました。その結果、中国への石炭の輸出が激減し、モンゴルのＧＤＰ成長率はマイナス４・６％にまで急降下したのです。

これが、輸出の８割超を中国に頼っているモンゴルの大きなリスクです。

また、２０２２年２月、ロシアによるウクライナ侵略が発生しました。

その後、モンゴルの通貨であるトゥグルグは対ドルで大きく下落し、通貨安を抑えるためにモンゴルの銀行は、外貨交換や外国送金の一部を制限せざるを得ませんでした。

同時期にトゥグルグは対日本円では上昇していたことから、日本を除く世界的な金融引き締めの影響も大きかったと判断できますが、通貨安の原因はそれだけではなく、**ロシアの隣国に位置することで、トゥグルグが地政学的リスクを織り込むように下落したと考えるほうが妥当でしょう。**

通貨相場はとても臆病であり、リスクを察知するとすぐに下落してしまいます。その臆病さが、このトゥグルグ安を形成したのです。

さて、いまの中国は、悪化する米国との関係や、不動産市況の悪化などで、経済が悪化しています。専門家の分析では、この景気後退局面が数年単位で続くのではないかとも見られています。

では、モンゴル経済もまた停滞してしまうのでしょうか。

そういったことを繰り返さないためにモンゴル政府は、日本やオーストラリアなど、2つの大国以外の国と経済的関係を深めてきました。

その象徴となるのが、オユトルゴイ鉱山（以下、OT）の地下鉱山の採掘です。

2023年3月、鉱業・資源分野の多国籍企業グループであるリオ・ティント社とモンゴル政府が共同で開発するOTで、地下鉱山の採掘が始まりました。

この鉱山は世界第4位の銅生産量が予想されており、今後、モンゴルの経済成長をけん引することが期待されています。リオ・ティント社のCEOは、「OTは世界で最も重要な銅生産者のひとつになる。OTがフル稼働すれば、年間600万台以上の電気自動車の生産に十分な銅を供給できる。モンゴルの発展に貢献し続けるだろう」と述べています。

2028年~2036年にフル稼働する予定で、モンゴルの国家予算への歳入が少なくとも3倍に増加する見込みだといいます。

しかも、この鉱山には2万人前後のモンゴル人が働いています。OTが国を豊かにするだけでなく、国民の生活も豊かにしてくれる可能性があります。

ちなみに、モンゴルの失業率は10%を超えていた時期もありましたが、直近では急速に改善し、2022年では7・29%となり、統計が見られる2007年以降で過去最低となっています。

国単位での経済関係を、短期間で改善するのは不可能です。

しかしながら、モンゴルの地道な努力により、一国に経済が大きく連動してしまうリスクは徐々に軽減される方向に動いていることは間違いありません。

●モンゴル不動産投資のリスク⑥「建物が完成しない？」

モンゴルのアパート建設は「プレビルド方式」です。

2章でも説明しましたが、プレビルドとは、建物を建築する前、もしくは建設中に物件を売りに出し、そこで得た資金を建設費用に回していく方式です。

モンゴルでは現在、ほぼすべての物件がプレビルド方式で建てられ、物件が完成する前に完売するプロジェクトも多数あります。

一見、合理的に見えるこの方式には、メリットとデメリットが混在しています。

たとえば、最初の売り出し価格が安価であるため、大きなキャピタルゲインが期待できますが、その半面で、購入してから賃料発生まで数年間かかったり、計画通りに建築されなかったりと、落とし穴も存在するといった具合です。

その一例を紹介しましょう。

２０１６年10月、住宅・不動産情報サイト「Ｏ―ｕｃｃｉｎｏ」などを運営する上場会社オウチーノは、子会社がかかわるモンゴルの案件で一部の債権に取り立てができなくなる可能性が生じたとして、リリースを公表しました。

簡単に説明しましょう。

まず、オウチーノの子会社スペースマゼラン社は、モンゴルの建設会社スタンダード・プロパティ・グループ（以下、スタンダード社）と、ウランバートルのアパートメント、１棟52室を１３０万ドルで購入する売買契約を締結しました。

スペースマゼラン社は１億６１９０万円の前渡金を支払いましたが、その後、アパートメントの建設計画に遅れが発生。物件の引渡期日になっても物件は完成せず、引き渡しも行われませんでした。

そこで、スペースマゼラン社は前渡金の返済を迫りましたが、その期日になっても返済が履行されず、取立不能、もしくは取立遅延のおそれが生じたことで、前述したリリースを公表したのです。

当時の一部報道によりますと、実は、このアパートメントは計画に遅れが出たものの、その後、第1期の工事は完成し、個人投資家には決済を完了したそうです。ただ、第2期に関しては「経済環境等の状況を踏まえて一旦工事を中断している」というスタンダード社のコメントも引用されました。

これが、新興国における「プレビルト方式」のリスクです。

このオウチーノの案件は、スペースマゼラン社とスタンダード社の間でもっとコミュニケーションがとれていれば、投資家を不安にさせるようなことはなかったかもしれません。

しかし、プレビルド方式は、投資家から集めた資金で建築していくため、途中で建設がストップしてしまった場合、建てられた部分に投資資金が使われている可能性が高く、すでに支払いを済ませた資金は、返金される可能性は低いと考えられます。

中国でもいま、このプレビルド方式で、投資家から資金を集めて建て始めたものの、経済環境の変化などで各地でマンションの建設が中断し、投資家からのクレームが殺到。不動産業界トップクラスの企業が次々に債務不履行に陥るなど深刻化しています。

まずは、その**物件に、日本の上場企業が関連しているから「安心」だと思わないこと**です。

そして、プレビルト方式のメリット・デメリットをよく理解し、たとえば、物件が建てられている様子を発信してくれる会社を選ぶことも、そのリスクを避ける方法のひとつでしょう。

●モンゴル不動産投資のリスク⑦「鉱山ビジネスへの出資詐欺に気をつけろ」

不動産投資から少し離れますが、モンゴルの魅力的な鉱山を巡っては、詐欺事件も横行しています。

2012年2月1付の日経新聞に「モンゴルでの事業への投資を巡る詐欺事件で、投資会社『グローバルアイズ』（東京・港）や関係会社が、別の投資案件も含めて9つのファンドで計約97億円の資金を集めていたことが、捜査関係者の話で分かった。警視庁生活経済課は、同社を巡る資金の流れの解明を進め、投資案件の実態を調べている」と報じられました。

実は、私がモンゴルに行くとよく食べていたある飲食店があります。特定できてしまうので、飲食店とだけ書きますね。

日本からの暖簾分けの店舗で、モンゴル人にも人気が高く、ウランバートル市の中心部で営業しているのですが、とある確かな情報筋から聞いた話では、このモンゴルの店舗のオーナーが、鉱山詐欺で手に入れたお金でその飲食店を出したのだとか。

その話を聞いてから、そのお店に行く気がまったくなくなりました。モンゴルでは、こういった話が日常茶飯事です。

これは、**モンゴルへの投資に限りませんが「安全・確実・高利回り」を謳った投資に勧誘されたり、広告を目にすることがあったら、まずは詐欺を疑ってください。**

はっきり言います。

「安全・確実・高利回り」、この３つを同時に実現する投資はないのですから。

それともうひとつ、投資の専門家に力を借りることも視野に入れてください。

米国では、**「人生には3人の友人が必要である。それは、弁護士、医者、そして証券マンである」**と言われています。

訴訟大国である米国では弁護士は欠かせず、健康管理には医者を、そして資産運用には証券マン＝投資の専門家が必要だということなのでしょう。投資の専門家が、弁護士と医者と肩を並べる存在だというのは、「さすが投資の先進国」と思わせてくれます。

投資先進国と日本では、個人の金融資産にどれだけの差があるのでしょうか。

２０２１年までの20年間を見ると、米国の個人の金融資産は、約3倍に増加しています。同じ期間の日本ではたったの１・４倍ですから、その差は明らかです。

伸び率にこれほど差が開いたのは、日本の個人が金融資産の半分以上を「現金・預金」で保有しているのに対し、米国では「株式・債券等」が半分を占めていることが無関係ではありません。

「お金の話をするのははしたない」とされてきた日本では、米国のように投資の専門家に相談する文化がなく、現在、ファイナンシャルプランナーやＩＦＡと呼ばれる独立系ファイナンシャルアドバイザーが多く存在しているにもかかわらず、相談する個人投資家はそれほど多くありません。

しかし、この日本でも富裕層の方々に限っては、専門家の力を借りることがとても上手です。

専門家に相談すれば、最新で、超一流の情報を手に入れることができますし、自分の状況やこれから先のライフプランに適したオーダーメイドの投資計画も考えてもらえます。

自分ひとりで考えるよりも、投資の成果は飛躍的に変わる可能性があります。

だからこそ、お金の専門家に相談してもらいたいと思います。資産を増やすためだけでなく、人生の最後を迎える相続のときまで、人生を通じて相談できる存在を、少なくとも2人。できれば、3人欲しいところです。

もちろん料金はかかりますが、効率的に利益を得られることを考えれば、高すぎるコストにはならないのではないでしょうか。

投資に対して、いままで抱えてきたデフレマインドを早々に捨て去ってほしいと思います。

プロの視点！

急速な経済的発展を遂げているモンゴル

加藤紀彦（ゴロムト銀行CEO）

モンゴルは社会主義体制から自由主義経済に移行して30余年を経たばかりの若い民主主義の国です。社会主義体制崩壊直後の1993年には1人当たりGDPはわずか335米ドルにまで落ち込み人々はきわめて厳しい生活を経験しました。この時の日本からの支援は、いまもモンゴル人の記憶に残り感謝されています。

その後、現在に至るまで、日本の政府開発援助（ODA）やJICA（国際協力機構）の活動、日本からの民間直接投資は高く評価され、日本はモンゴルから最も信頼される国のひとつです。モンゴルは好不況を経ながらも急速な変化発展を遂げ、2023年には1人当たりGDPは5000米ドルを超えたと見込まれています。

法の整備、裁判の独立性、汚職問題、増幅する貧富の格差など、さまざまな問題を抱えながらも、モンゴルは今後数年、年率5％程度の経済成長が予測されています。

実際にモンゴルは鉱物資源が豊富で、鉱物輸出がモンゴルの経済成長をけん引しています。モンゴルのGDPの産業別構成比は鉱業24％、農業13％、製造業8％などとなっており、2022年のデータではモンゴルの輸出の52％が石炭、22％が銅、9％が金です。また輸出の84％は中国向けで、モンゴル経済の鉱業と中国需要への依存度は大変高く、資源価格や中国との貿易の変動の影響を受けやすくなっています。

石炭は温室効果ガス排出量削減が求められる中で、もはや使われなくなるべき資源とされていますが、モンゴルが輸出する石炭のほとんどすべてが製鉄のために利用される（鉄鉱石、石灰石とともに燃焼される）コークス用の原料炭であることは知っておく必要があります。

2015年のパリ協定で参加各国は温室効果ガス排出削減を目標としましたが、モンゴルが輸出する石炭は中国で燃焼され温室効果ガスを排出し、モンゴルの排出量にはカウントされません。これは電気自動車（EV）の導入が最も進み、グリーンエコノミーの優等生とされるノルウェーが北海油田の石油の輸出により経済発展、グリーン化をまかなっている構造と一脈通じるところがあるとも言えます。

銅やレアアースは自動車のEV化、また特に開発途上国の経済発展により、世界的に今後一層の需要拡大が見込まれます。モンゴルとしては石炭、銅をはじめとする鉱物の輸出をできるだけ付加価値を付けて続けながら、その経済効果を利用しつつ、インフラ整備、経済の多様化を進め、極端に鉱業に依らない経済発展を実現しようと努力しています。

鉱業以外の分野では、農牧畜業、クリーンエネルギー、観光、IT、住宅建設などに発展の可能性があり、政府は育成に注力しています。340万人の人口のうち、伝統的な遊牧民は25万人程度ですが、遊牧民が若年の家畜の屠畜（とちく）を忌避（きひ）することや、カシミアの原毛が比較的高価で売れることから山羊の頭数が増加したことなどにより、5大家畜（羊、山羊、牛、馬、ラクダ）の総数は7千万頭にも達し、砂漠化などの環境悪化を招いています。

一方で、特にここ数年、近代的な大規模農牧業の試みが進み、広大な土地を利用した国際水準の農牧業の発展拡大が期待されています。伝統的な遊牧との整合、食肉製品の品質管理、国際的な認証取得など克服すべき課題がありますが、将来の地球規模の食糧危機の可能性を鑑みれば、中国と長い国境を接しているモンゴルの農牧業の発展は世界的にも期待されると言ってよいでしょう。

太陽光、風力および水力による発電などのクリーンエネルギー開発も期待される分野のひとつですが、送電設備や電気料金の大きな政府補助の制度などに課題があり、政府の長期にわたる安定的な政策が確保されるかがポイントです。

観光は世界的な旅行ガイド「Lonely Planet（ロンリープラネット）」がモンゴルを2024年に訪れるべき旅行先のトップにランクするなど、広大で多様な自然、ユニークな歴史文化などの観光資源への注目が高まっており、訪問者数の増加が期待されます。

また、モンゴルは自由経済、民主主義の国として情報の取得に制約はなく、人々は海外の情報に多く接しています。若者を中心にITリテラシーは高く、最新のデジタルサービスをいち早く利用しています。遊牧の伝統の影響もあるのか人々は独立心旺盛で、IT分野等での起業も多く、優れたITエンジニアも育っています。国境を越えたIT事業の成長も期待されます。

ウランバートルの周辺部等に集まるゲル地区の人々や、生活向上のためのアパートや住宅の需要は高く、アパート・住宅建設はこれからも続きます。

金融サービスについては銀行の占める割合が高く、銀行以外の金融機関の発達が待たれます。

過去数年間でモンゴル証券取引所は急速に成長しました。２０２３年までに上位5行の銀行が株式上場を果たし、取引所時価総額は倍増しました。社債取引や鉱物取引も取引所で行われるようになり拡大しています。国内の資本蓄積がまだ十分でなく、年金、ファンドなどの機関投資家が未発達であることもあり、市場の流動性が十分高いとは言えませんが、今後、情報開示や法規制整備の進展も併せて資本市場の成長が期待されます。

さまざまな課題を抱えながらも、引き続きモンゴルの経済発展は続くことでしょう。

かとう　のりひこ

1958年、生まれ。81年、東京銀行（現在の三菱ＵＦＪ銀行）に入行。東京のほか、ニューヨーク、アムステルダム、バーレーンなどの海外勤務を経て２００９年退職。11年～16年までモンゴルのハーン銀行ＣＥＯ、16年～19年までカンボジアのサタパナ銀行ＣＥＯ、19年よりモンゴルのゴロムト銀行ＣＥＯ。21～22年、モンゴル・サステナブル・ファイナンス協会会長、モンゴル銀行協会副会長を務める。

おわりに――投資は人生そのものを変える力がある！

私がモンゴル不動産投資にかかわるようになってから、もうすぐ2年が経ちます。
もちろんこれまでも日本国内の不動産に投資するなど、長年、投資に携わってきましたが、モンゴル不動産のように「毎年、値段が上がっていく感覚」は、残念ながら成熟した国での投資では得られず、**これからまだまだ成長していく可能性を秘めた、発展途上国ならではの投資の醍醐味を感じています。**

また、資産を金融商品で分散させるだけでなく、時間的にも、地域的にも分散させることでよりポートフォリオが厚みを増した上、価値が下がり続けている日本円だけで資産を持つのではなく、成長していく国の通貨で資産を持ち、その資産を増やしていけることにもワクワクしています。

投資が変えてくれるのは、お金だけではありません。

私は、人生そのものも変えてくれたように感じています。

モンゴルは若く、いままさに日本の高度成長期のような活気にわいている国です。正直に言って、高度成長期といっても私にとっては歴史の教科書で学んだ程度の知識しかありませんが、チンギス・ハーン国際空港に降り立ったその瞬間から、きっとかつての日本はこうだったのではないかと思えるくらい、人々から「みんなで豊かになってやろう」という向上心を感じ取ることができます。

そんなエネルギッシュで、未来志向な国にかかわっていると、自然に自分自身の考え方もより前向きで明るくなってくるものです。ビジネスも、いろいろなことにチャレンジできそうに思えるのですから。

2023年、ドラマ『VIVANT』が大人気となり、撮影された「モンゴル」にも大いに注目が集まったのは偶然ではありません。**私は画面に映し出された、どこまでも続く草原を見ながら、モンゴルへの投資も機が熟してきたことを感じました。**

モンゴルへの投資が人生を変えてくれたというのは大げさではありません。

実際、ただモンゴルをリサーチしていた頃に比べると、物件を保有してからの方がモンゴルのニュースや話題も耳に残りやすくなりました。これはきっと、それらのニュースを自分ごととしてとらえるようになったからでしょう。

また、モンゴル不動産投資を始めたタイミングで英語の必要性を再認識し、本格的に英語を学び直すことにしました。いまでは、モンゴルに行くたびに、まだつたない英語ではありますが、直接現地の方とコミュニケーションが取れるようになり、自分の世界が広がった感覚を覚えています。

フェイスブックを通じてつながるモンゴルの友人も増え、現地で会って話をすることも多くなっています。

こんなふうに、現地の方々とのつながりが強くなる中で、自分の投資を通して、モンゴルにいる誰かの役に立てている、力になれているのだということを嬉しく感じるようになりました。

投資は、お金を儲けることがすべてではありません。

たとえば、モンゴル不動産に投資すれば、生活環境のよくないゲル地区から、清潔で温かいアパートへ住み替えるお手伝いをすることができます。生活環境が整えば、彼らは持ち合わせている向上心で、さらに豊かになろうとするでしょう。その向上心はいずれ国の経済を成長させていくのです。

国内の不動産投資では、入居者の姿を想像することはあまりありません。しかし、モンゴルでは、間接的ではあるものの、経済の発展に携(たずさ)わっていることを実感することができるのです。

皆さんも、投資をきっかけに、今後の成長を楽しみながら見届けられる、第二の故郷を持ってください。世界が広がり、自分の人生が豊かになったことを実感できるはずです。

*本書は情報提供を目的としており、個別の投資における正確性や信頼性を保証するものではありません。情報を利用して何らかの損害が発生した場合でも、著者および出版社はいかなる責任も負いません。投資活動はすべてご自身の責任においてお願いいたします。